Burócratas y tecnócratas
La infructuosa búsqueda de la eficiencia empresarial en el Estado peruano del siglo XXI

Álvaro Gálvez
Álvaro Grompone

Burócratas y tecnócratas

La infructuosa búsqueda de la eficiencia empresarial en el Estado peruano del siglo XXI

IEP
INSTITUTO DE ESTUDIOS PERUANOS

Perfiles de segunda categoría 47

Black markets 52

Espacios para la contingencia: la descentralización compartimentada del Estado 55

Empresarios del Estado infraestructural: obras públicas, "perfileros" y contratistas 60

La burocracia infraestructural del Estado 68

Prácticas documentarias y los ensambles (in)materiales de la burocracia 76

Desarrollo infraestructural y desarrollo humano 81

CONCLUSIONES: EL EFECTO ESTADO Y LA DESESTATIZACIÓN DE SUS FUNCIONES 85

Consideraciones finales 94

PARTE II

LA INACABABLE BÚSQUEDA DE EFICIENCIA: CLAVES PARA ENTENDER LAS AGENDAS TECNOCRÁTICAS EN EL PERÚ ACTUAL

ÁLVARO GROMPONE

INTRODUCCIÓN 99

MARCO CONCEPTUAL 109

El rol de las corrientes ideológicas y el orden neoliberal 109

Los tecnócratas: elementos hacia su definición 121

METODOLOGÍA 135

RESULTADOS 143

Las redes en la tecnocracia local 143

La posición reformista: los neoliberales de "centro" 155

La inacabable búsqueda de eficiencia: la despolitización del Estado 171

La tecnocracia en el espejo 189

CONCLUSIONES 203

BIBLIOGRAFÍA GENERAL 215

Lista de siglas

MEF	Ministerio de Economía y Finanzas
Midis	Ministerio de Desarrollo e Inclusión Social
Minagri	Ministerio de Agricultura y Riego
Minedu	Ministerio de Educación
MTC	Ministerio de Transportes y Comunicaciones
Produce	Ministerio de la Producción
SNIP	Sistema Nacional de Inversión Pública

Presentación

¿Cómo es posible que el Perú, con uno de los índices de volatilidad electoral más elevados de América Latina, muestre una fuerte estabilidad en política macroeconómica? Esta estabilidad es, además, la que mantiene al país con índices internacionales de competitividad altos, a pesar de que otras variables de esos índices, como la calidad de la educación o la inversión en ciencia y tecnología, son ínfimas. Lo más estable y lo más inestable; lo más alto y lo más bajo... El Perú del siglo XXI, o el Perú de "ingreso medio", o el Perú neoliberal,[1] es todo menos armonioso, y está más bien lleno de contrastes.

A pesar de ello, un monocorde entusiasmo por las virtudes del modelo económico recorre los medios de comunicación, los sectores empresariales y hasta la opinión pública. Los investigadores del Instituto de Estudios Peruanos (IEP) que discutieron lo que se ha convertido en el Programa Institucional Estado y Sociedad en el

1. Las tres denominaciones se refieren a la misma situación: la primera es cronológica, la segunda incorpora una clasificación mundial a la que el país nunca había accedido e involucra el desafío de no retroceder y sí avanzar (Foxley 2012), y la tercera evoca la categoría de gubernamentalidad neoliberal de Foucault (Lemke 2001).

Perú de Ingreso Medio partían de la insatisfacción de escuchar y leer estas narrativas sobre las bondades del Perú después del ajuste estructural de 1990 y de haberse aplicado las políticas del Consenso de Washington, que omiten (o desconocen, o esconden) las complejidades, los problemas y las dificultades, que son parte de esa misma realidad. Por ello, el programa institucional se propuso contribuir con una visión renovada del Estado, la sociedad y la política, sin entusiasmo fácil ni tampoco desánimo, es decir, sin una posición sobre el "deber ser". La idea es analizar los cambios ocurridos en el país en este último periodo de su historia. Para ello, debíamos buscar nuevas fuentes de información, hacer mucho trabajo de campo con observación, realizar entrevistas a actores alejados del foco de atención y renovar incluso el instrumental teórico con el que interpretamos la realidad. Este esfuerzo de investigación del IEP viene dando origen a la serie editorial "Estado y sociedad en el Perú de ingreso medio".

El libro que tienen en sus manos es parte de este proceso de investigación y reflexión conjunto. Los autores indagan sobre dos aspectos importantes de las relaciones Estado-sociedad surgidos en este último cuarto de siglo de la historia del Perú. En primer lugar, se analiza qué sucede, en las manos e iniciativa de burócratas locales, con los sistemas administrativos creados en las últimas décadas como parte de la llamada "nueva gestión pública", que organiza al Estado bajo el modelo de gestión de la empresa privada. En segundo lugar, partiendo de que lo que se decide en el país (diseño de políticas, creación de ministerios, programas sociales, etc.) no tiene mucho que ver con los sistemas de representación política cuya crisis acompaña todo este periodo, se analiza a los tecnócratas y la ideología que nutre sus propuestas de política.

Burócratas y tecnócratas abre una discusión sobre el Estado, una de las instituciones que, a pesar de arrastrar una imagen de falta de elasticidad e inercia, más ha cambiado desde el ajuste estructural.

Efectivamente, al final de la década de 1980 se desploma el Estado desarrollista montado desde los años cincuenta, arrastrado por la peor crisis económica del siglo y la más brutal violencia política. Frente a la corrupción del primer gobierno del viejo partido aprista y la inutilidad de los partidos en el Congreso, ante una inflación de cinco dígitos, coches bomba, paros armados y la muerte surgiendo de cualquier esquina, la población llevó a la presidencia a un desconocido, un *outsider*, y desde entonces ha gestionado su derecho al sufragio con muy escasa fidelidad política, frecuentes decisiones de voto negativo (contra un candidato más que a favor de otro) y pocas expectativas de cambio.

Partidos políticos poco orgánicos, o "coaliciones de independientes",[2] elaboran programas de gobierno para poder inscribirse en el Jurado Nacional de Elecciones, pero no como instrumentos de transparencia ante los ciudadanos y de orientación de políticas públicas, de ser elegidos. De hecho, pocas veces quienes han elaborado esos planes son nombrados para ocupar una cartera; más bien, los ministros con frecuencia los desconocen. Partidos políticos de estas características, que saben que no cuentan con la fidelidad de sus votantes, terminan orientándose por políticas que prometieron cambiar: las propuestas de "cambio" en campañas electorales (el "gran cambio", la "gran transformación", el "cambio responsable", "representamos el cambio") terminan en "piloto automático" a la hora de gobernar. Sin parámetros sobre qué esperar, la población tiende a marcar muy pronto distancias críticas con los gobiernos, y desde 2001, y al parecer hasta nuestros días, ningún presidente llega a su primer año de mandato con una aprobación popular en verde.[3] Así, la combinación de "cambio" y

---

2. El concepto es de Mauricio Zavaleta 2014.
3. Al momento de escribir esto, Pedro Pablo Kuczynski parece haber encontrado una tabla de salvación contra la caída vertical de aceptación en los desastres asociados al fenómeno de El Niño costero.

"piloto automático" contribuye a la estabilidad macroeconómica y a la inestabilidad política.

La permanente opción por mantener "el modelo", es decir, el marco de políticas que garantizan la libre iniciativa empresarial, no solo como orientador del dinamismo económico –en las antípodas del Estado desarrollista, que gracias a la renta de las empresas públicas seleccionaba y subsidiaba "sectores estratégicos" para el desarrollo–, sino como modelo de organización estatal,[4] ha sustentado la hipótesis de un Estado "capturado" por los intereses empresariales.[5]

No son, sin embargo, los grupos empresariales los únicos convencidos de las bondades del modelo para el país, ni necesariamente sus principales difusores. De hecho, algunos conflictos entre funcionarios de alto nivel y sectores empresariales son testimonio de la relativa autonomía de los primeros. Sin embargo, ambos, empresarios y tecnócratas, comparten un "consenso" en el que participan también varios *think thanks*,[6] medios de comunicación y agencias

---

4. El artículo de Alvaro Gálvez, el primero de este volumen, analiza la llamada "nueva gerencia pública" como la introducción en el funcionamiento del Estado, y particularmente en sus sistemas administrativos, de los criterios de eficiencia y auditabilidad propios de la empresa privada (entre otros, los "planes estratégicos" que tienen también un origen y funcionalidad de empresa privada). Este triunfo del mercado y de los valores empresariales frente al Estado, lógicas que compiten hasta el último cuarto del siglo XX, es lo que constituye, en los términos de Foucault, la gubernamentalidad neoliberal. Como también lo explica Álvaro Grompone en el otro artículo de este volumen, "neoliberal" no es un calificativo político; es una categoría que evoca un orden diferente de organización del Estado, la economía y la sociedad.

5. Particularmente Durand 2016.

6. Un estudio de Martín Tanaka (en prensa) discute el rol de los *think thanks* peruanos –particularmente de instituciones como el Instituto Libertad y Democracia (ILD) y el Instituto Peruano de Economía (IPE)–, en la forja y el mantenimiento de este consenso neoliberal, y en la provisión de nuevas

de cooperación (que difunden "buenas prácticas" de gestión entre los funcionarios de diferentes países de América Latica), entre otros actores. Sería este consenso neoliberal el sustento de la estabilidad de la política macroeconómica, e incluso de lo incuestionable de algunos temas, como la privatización de los servicios públicos (las alianzas público privadas, las obras por impuestos), la lógica infraestructural del Estado o las políticas sociales focalizadas.[7] Para Tanaka (en prensa), sería la fuerza cohesionada de este discurso común —este consenso— una de las explicaciones de la ausencia de un "giro a la izquierda" en el Perú, a diferencia del resto de América Latina.

Precisamente, una de las preocupaciones del Programa Institucional Estado y Sociedad en el Perú de Ingreso Medio del IEP era analizar, ante la crisis de los sistemas de representación, quiénes construyen la agenda de prioridades de decisiones de política pública y de qué manera lo hacen. En efecto, si la sociedad en su diversidad no está representada ante el Estado por un sistema de partidos políticos, es necesario investigar quiénes y en nombre de qué toman decisiones de política pública en el país. El tema es relevante: de quienes han tomado y toman las decisiones acerca de las prioridades de la política pública y sus criterios dependerá el que se construyan políticas que permitan al país consolidar o no las tendencias al crecimiento del PBI y la reducción de la pobreza.

---

políticas para su desarrollo. Aún está pendiente un estudio del rol de los medios de comunicación y de las empresas de comunicación en lo mismo. El Instituto Peruano de Acción Empresarial (IPAE), organizando las conferencias anuales de empresarios y definiendo sus temas, funciona también como un articulador entre empresarios, tecnócratas, políticos y medios de comunicación, colaborando con la generación de un discurso común cohesionado y sin fisuras.

7. Próximamente, el IEP publicará un estudio de Cerna, García, Puémape, Rentería, Rozas y Sosa acerca de la aplicación, en dos provincias muy pobres y alejadas, de los instrumentos para una focalización técnica y objetiva, y sobre la visión de los que resultan beneficiados por ella. Véase también Remy 2016.

El análisis de este discurso hegemónico y sus matices —cómo se forma y cómo termina dándole identidad y un extraordinario peso político a un sector profesional, el de los economistas—[8] es de lo que se ocupa Álvaro Grompone en su artículo sobre los tecnócratas.

Pero la burocracia, esa máquina enorme y lenta, ¿se ha renovado? No han sido muchas las investigaciones sobre los burócratas en el país. El artículo de Alvaro Gálvez, el primero de este libro, no pretende algo tan grande ni su enfoque conceptual lo induciría a hacerlo. Siguiendo la línea de la antropología del Estado, particularmente los estudios de Timothy Mitchell, el autor sugiere que el Estado se produce en las prácticas cotidianas de agentes públicos y privados: no es un gran aparato por fuera de la sociedad susceptible de estudiarse en sí, completo. Para Gálvez, se trata de analizar las prácticas de agentes estatales en el marco de sistemas de operación definidos por la tecnocracia. El objeto de su estudio son los burócratas de municipalidades ayacuchanas ubicados en uno de los sistemas administrativos más importantes del Estado: el Sistema Nacional de Inversión Pública (SNIP). Ellos operan (hacen su trabajo, resuelven problemas) en un sistema estatal compartimentado y en un entorno competitivo que, inspirado en las prácticas privadas, tiñe las prácticas estatales y conduce a nuevas estrategias de aprovechamiento privado. Los límites entre la sociedad y el Estado, analizado este último a partir de las prácticas de los burócratas, se diluyen. Una suerte de "puerta giratoria" de pequeños emprendimientos se muestra como la operativización del SNIP en espacios locales.

8. No es necesario ser especialista en educación o patrimonio cultural para llegar a los altos cargos; basta con ser un economista que tenga claro lo que se debe y no se debe hacer.

Lo que evidencia el libro como conjunto es el desencuentro entre las lógicas tecnocráticas y las prácticas burocráticas, al mismo tiempo que el hecho de que es precisamente debido a estas prácticas, no previstas por la tecnocracia, que los mecanismos de control funcionan. Así, los diseños tecnocráticos que uniformizan, perfectamente coherentes, en cuanto salen de los despachos ministeriales convertidos en normas y procedimientos concretos, y en su paso por las instancias burocráticas hasta llegar a la calle, van perdiendo su coherencia y tecnicidad.

Qué tendría que cambiar para que el Estado —y sus plurales burócratas operando en este tipo de sistemas definidos por tecnócratas—, impulse los cambios que los políticos prometen en las campañas electorales o que, de diversas maneras (no siempre orgánicas o institucionales), demandan diferentes poblaciones, por lo general despolitizadas, es una pregunta que supera, por cierto, las pretensiones de este libro. Pero es una cuestión que, colectivamente, y contando con estudios minuciosos como el que presentamos, tenemos que plantearnos como sociedad.

María Isabel Remy S.
Coordinadora del Programa Institucional del IEP

Parte I

Emprendedores del Estado: el Sistema Nacional de Inversión Pública y el surgimiento de los "perfileros" en los gobiernos locales

Alvaro Gálvez

Introducción[1]

"Que quede claro entre los opinólogos, editorialistas y algunos topos escondidos en algunos ministerios que el SNIP murió".

Pedro Pablo Kuczynski, presidente de la República[2]

---

1. Este capítulo se narra en el plural de la primera persona porque recoge los aportes de diversos investigadores que han participado tanto en su desarrollo conceptual como en las visitas de campo. Han sido fundamentales los permanentes debates y discusiones sobre el Estado y la descentralización sostenidos con el equipo de Municipio al Día durante casi cuatro años. Mención especial merece Jaime Urrutia, quien acompañó el desarrollo de este proyecto, y María Isabel Remy, quien lideró el grupo de trabajo creado para llevar adelante el Programa Institucional del IEP que lo enmarca. Finalmente, versiones preliminares del texto han recibido aportes y críticas de Alberto Vergara, Eduardo Dargent y Mauricio Zavaleta, y aunque no han sido recogidos en su totalidad, han sido inmensamente valiosos para redactar esta versión final. Los errores u omisiones son responsabilidad del autor.

   Por otro lado, los nombres de los personajes y lugares que aparecen en cursiva son ficticios. Se busca proteger su identidad y la de las instituciones en las que se desempeñan, ya que los hechos que se describen son reales y pueden ser considerados irregulares, cuando no ilegales.
2. Octubre de 2016, mensaje de inauguración de la feria Excon 2016 organizada por la Cámara Peruana de la Construcción.

Conocimos a *Amadeo* en 2012 en un distrito de la sierra del departamento de La Libertad. Al momento de la entrevista, se desempeñaba como consultor independiente, y había sido empleado por una empresa contratada por un organismo internacional para brindar servicios de asistencia técnica a un grupo de municipalidades que reciben recursos extraordinarios provenientes del canon.[3] Su labor específica era asesorar y reportar los avances de los comités de inversiones impulsados por este organismo en varias municipalidades de la zona. Anteriormente, Amadeo había sido jefe de la oficina de programación de inversiones de una municipalidad de la costa norte peruana, el organismo encargado de aprobar los proyectos de inversión pública (PIP).

Durante el tiempo en que se desempeñó como jefe de esta oficina, cuenta *Amadeo*, los perfiles de proyectos que recibía para su evaluación y aprobación no cumplían con los estándares necesarios para ser declarados viables. A pesar de percibir importantes sumas del canon, la municipalidad no contaba con los recursos económicos suficientes para contratar a consultores o personal suficientemente calificado para elaborar perfiles adecuados. De hecho, él consideraba que su salario no era proporcional a la calidad del trabajo que realizaba y a las responsabilidades que había asumido con el cargo.

Al poco tiempo de haber iniciado su labor como jefe de la oficina de programación de inversiones, *Amadeo* fue citado al despacho del alcalde, donde fue increpado por no haber declarado viable ni un solo proyecto de inversión pública hasta ese momento. La

---

3. "El Canon Minero es la participación de la que gozan los Gobiernos Locales (municipalidades provinciales y distritales) y los Gobiernos Regionales del total de ingresos y rentas obtenidos por el Estado, por la explotación económica de los recursos mineros (metálicos y no metálicos)" (página web del MEF, revisada el 10/07/2016).

autoridad municipal se estaba desgastando políticamente. Por lo tanto, recibió la instrucción de que en adelante debía declarar la viabilidad de los proyectos si quería evitar ser cesado de su cargo.

Tras la orden del alcalde, *Amadeo* se encontró vulnerable frente a una doble amenaza. Por un lado, como jefe de la oficina de programación de inversiones, declarar la viabilidad de proyectos deficientes lo convertiría en responsable de cualquier desperfecto o inconsistencia que se pudiera presentar en el futuro, por lo que se exponía a ser responsabilizado administrativamente y a que se iniciasen acciones legales en su contra. Por otro lado, si no declaraba viables los proyectos que llegaban a su escritorio, sería cesado y reemplazado por algún otro funcionario que obedecería las instrucciones del alcalde sin ningún reparo.

Como muchos otros servidores municipales, *Amadeo* encontró la solución a su problema por fuera de los procedimientos regulares que pueden ser auditados por el Sistema Nacional de Inversión Pública (SNIP), el sistema administrativo del Estado encargado de declarar la viabilidad de los proyectos de inversión pública.

En la mayoría de entidades gubernamentales de escala subnacional, una oficina denominada "unidad formuladora" es la encargada de elaborar los perfiles de los proyectos de inversión pública, labor que por lo general es derivada a consultores externos. En el argot de la gestión pública (aunque no exclusivamente de ella), esto se conoce como "terciarización", ya que ese tipo de contratos está clasificado como de tercera categoría en la escala de los regímenes laborales. Una vez que el consultor externo o "tercero" entrega el perfil, corresponde a la unidad formuladora convertirlo a los formatos requeridos para ser ingresado en el Banco de Proyectos del SNIP, a cargo del Ministerio de Economía y Finanzas (MEF).

Una vez en esta plataforma, concierne a la oficina de programación de inversiones declarar la viabilidad del proyecto o, de lo contrario, consignar si es que hay observaciones.[4] Como jefe de esa oficina, *Amadeo* en realidad era un experto en la formulación de perfiles, de ahí que fuera capaz de identificar con relativa facilidad que aquellos proyectos que había evaluado anteriormente no cumplían con los estándares de calidad requeridos para transitar hacia la fase de ejecución. Consciente de ello, tomó la decisión de diseñarlos por su propia cuenta, pues prefería declarar la viabilidad y asumir la responsabilidad sobre proyectos que eran producto de su propio trabajo. De esta manera se protegía, ya que esto era lo único que le daba certeza sobre su calidad.

Para "regularizar" la nueva función que estaba asumiendo, *Amadeo* solicitó a un conocido que emitiera los recibos por honorarios como consultor, de manera que su nombre no figurara en los contratos por elaborar los perfiles que luego él mismo debía aprobar.[5] A cambio, su amigo recibía una parte de esta remuneración, y con el resto, Amadeo consideraba que completaba de forma justa el insuficiente salario que recibía por dirigir la oficina de programación de inversiones.

Tras esta reconfiguración del procedimiento, *Amadeo* asumió una doble función en el ciclo de inversión: al mismo tiempo que era consultor independiente (aunque invisible) de la unidad formuladora, continuaba desempeñándose como jefe de la oficina de programación de inversiones. De esta manera, en la persona de *Amadeo*

4. Una vez que un proyecto es declarado viable, el órgano dentro de la entidad que está a cargo de su implementación es la unidad ejecutora (UE), responsable de elaborar el expediente técnico, primero, y luego de ver que se implemente el proyecto. El ciclo se cierra con la fase de postinversión o evaluación, que devuelve la responsabilidad a la oficina de programación de inversiones y a la unidad formuladora , órganos que deben determinar si la ejecución del proyecto se ajusta a los parámetros establecidos en su diseño y viabilidad iniciales.

5. Además, la normativa impide a un funcionario recibir doble remuneración del Estado.

se fusionaron los roles de estas dos oficinas, y la evaluación del proyecto pasó a ser incorporada a su propio diseño. Por lo tanto, si adoptamos una perspectiva absolutamente pragmática, la revisión del perfil por parte de la oficina de programación de inversiones se volvió innecesaria y redundante (en la práctica, mas no en la formalidad del SNIP). Paradójicamente, provocar la obsolescencia de esa oficina en este proceso fue lo que permitió a su jefe cumplir con garantizar la calidad de los proyectos que se declararon viables en adelante.[6] Finalmente, este nuevo esquema procedimental resultó determinante para que la municipalidad transitara de un estado en el que no se realizaban obras a otro en el que los proyectos de inversión pública se comenzaron a hacer realidad.

El testimonio de *Amadeo* ilustra bien un conjunto de prácticas que se reproducen a lo largo del país en torno al SNIP. Nuestro análisis sobre el caso de gobiernos locales de Ayacucho demuestra que este tipo de prácticas son reproducidas —y alentadas— por una visión economicista del funcionamiento del Estado, la cual promueve la competencia entre entidades por la priorización de los recursos sobre la base del principio económico de la eficiencia en el gasto o la capacidad de gasto. Esto obstaculiza iniciativas de cooperación y articulación entre entidades, produciendo la segmentación o compartimentación de las iniciativas a través de las cuales el Estado se despliega en el territorio, lo que a su vez multiplica los campos de acción en los que pueden desarrollarse este tipo de prácticas. En ese sentido, acciones como las realizadas por *Amadeo* no son necesariamente alternativas a los procesos "regulares" del Estado; más bien, son producidas por ellos y a la vez resultan instrumentales para su funcionamiento.

---

6. De acuerdo con la página web del MEF, el SNIP es un proceso que certifica la calidad de los proyectos de inversión.

El argumento en breve

Según James Scott (1998), los Estados tienen la necesidad de hacer legible a la sociedad para poder gobernarla. Por ello, se depende de una serie de técnicas –principalmente, la economía y la estadística– que permiten abstraer las características de la sociedad y convertirlas en cifras y, por lo tanto, hacerlas legibles ante los ojos del Estado y de quienes gobiernan. En este proceso, excluyen de su campo de visión aquellas prácticas que se consideran informales, ya que no se pueden capturar en datos o no resultan utilitarias bajo los estándares de los esquemas planificados de gobierno. Sin embargo, son precisamente esas prácticas las que explican por qué muchas políticas con los diseños más tecnificados han terminado con resultados muy distintos a los esperados. Es justamente a esta legibilidad reduccionista y excluyente a la que Scott ha denominado la "visión de túnel del Estado".

En el caso del Perú, como en muchos otros países, las técnicas de gestión que subyacen a la visión del Estado llegaron del hemisferio norte; específicamente, a través del paradigma de gestión que acompañó a las reformas neoliberales: la llamada "nueva gestión pública".

Diversos autores han evidenciado los pobres resultados que ha tenido la práctica extendida de implementar reformas institucionales cuyo diseño es concebido en contextos sociales y organizacionales de países desarrollados. Evans (2004), por ejemplo, habla del fracaso de lo que llama "monocultivo institucional" (traducción propia), refiriéndose a la importación que hacen los países del sur de instituciones angloamericanas, bajo la premisa de que el éxito institucional no está condicionado por los procesos locales ni por el grado de desarrollo de los países. Por lo tanto, un mismo modelo institucional funcionaría en cualquier contexto.

Al respecto, sostiene que aquellos países que han aplicado reformas basadas en el "monocultivo institucional" tienden a desarrollar instituciones que priorizan los incentivos individuales de los agentes por sobre la provisión de servicios públicos, entre otros motivos, porque no consideran la economía política que se genera y que resulta necesaria para al desarrollo de las instituciones. De esta manera, instituciones que en un inicio pueden cumplir con las expectativas que generaron al fundarse, no se adaptan a nuevos contextos por la reticencia de aquellos que se empoderaron durante su proceso de creación a cualquier reforma que pueda significar una reconfiguración de poderes. Esto es así aun cuando la institución pueda haber dejado de cumplir su misión de proveer servicios públicos.[7]

En la misma línea, esto ha sido analizado también por Pritchett et ál. (2010), quienes utilizan el término "mimetismo isomórfico" (traducción propia) para describir aquellas instituciones que "[...] adoptan el camuflaje de organizaciones que son exitosas en otros contextos para esconder su propia disfuncionalidad" (traducción propia; p. 2). Según los autores, los países que desarrollan este tipo de instituciones caen en "trampas de capacidad" (traducción propia), mediante las cuales instituciones que en la práctica son disfuncionales para los propósitos para los cuales fueron creadas mantienen legitimidad y buena reputación por cumplir con estándares internacionales de lo que se espera de ellas como organización.

---

7. Al respecto, cita a Bardhan (2001), el desarrollo de instituciones necesariamente genera "perdedores" y "ganadores". Con mucha probabilidad, "[...] estos últimos obtienen poder político y beneficios económicos, y por lo tanto, son reticentes a cualquier cambio que disminuya sus ganancias en relación con otros, aun cuando esto pueda resultar en una mayor productividad e incluso representar una mayor ganancia para ellos en términos absolutos" (Evans 2004: 3; traducción propia).

Por lo tanto, no existe un campo fértil para reformas que mejoren su funcionalidad. Peor aún, la trampa se refuerza precisamente por la apariencia de que todo marcha según lo planeado.

Esto se agrava, sostienen los autores, cuando, bajo esta premisa falsa, instituciones disfuncionales reciben tareas más complejas de manera prematura, ya que no cuentan con las capacidades reales para gestionarlas y ejecutarlas. De esta manera, se continúa reforzando el ciclo de instituciones disfuncionales que en "el papel" implementan políticas para el desarrollo. Algo similar plantea Schick (1998), quien a partir del exitoso caso neozelandés critica la idea de exportar "buenas prácticas" sin considerar las capacidades y condiciones del país receptor para gestionar su implementación; es decir, sin tener en cuenta si las condiciones previas a la reforma son cuando menos parecidas, en lo que compete a la cultura burocrática y los procesos político-sociales, a las del país exportador.

Este marco puede ser útil para describir algunos de los procesos institucionales que se han ensayado en el Perú a propósito de la reforma del Estado. Los alcances que ha tenido la aplicación de la denominada nueva gerencia pública en el Perú son dispares, qué duda cabe. Por un lado, contamos con instituciones que hasta hoy son consideradas como islas de eficiencia, pero que conviven con instituciones disfuncionales, ya sea porque llegaron en esta condición al momento de la reforma o porque en algún momento fueron funcionales, pero cayeron en "trampas de capacidad", según los procesos descritos.

De igual manera, podríamos pensar en el proceso de descentralización. Una de sus característicaa principales ha sido la visión tecnocrática y centralista tanto en el diseño de las políticas como en la definición de los objetivos. Así, las regiones y gobiernos subnacionales recibieron el mismo diseño institucional que en el papel se legitimó como funcional para las instancias en Lima, pero que sin embargo tiene su origen y funcionalidad (de tenerla) en el hemisferio norte. Cabe preguntarse también si es que el proceso de descentralización, tal y como se dio en sus inicios, no se llevó a cabo de manera prematura para los gobiernos regionales y locales, y si realmente todos estaban en las mismas condiciones para gestionar la responsabilidad y los recursos que les fueron transferidos.

Sin embargo, si bien ese marco es útil para pensar procesos nacionales de desarrollo institucional, los trabajos reseñados comparten la característica de tratar su objeto de estudio únicamente desde las condiciones del diseño institucional o el contexto en el que es aplicado, y a partir de ello evalúan directamente los resultados. Así, el espacio de implementación que existe entre el diseño y los resultados continúa siendo una caja negra inexplorada. En general, el espacio de implementación de las políticas públicas "[...] se mantiene conspicuamente subapreciado, subteorizado y subinvestigado" (Pritchett et ál. 2010: 3; traducción propia).

En el caso peruano, los trabajos más recientes sobre el Estado y la burocracia coinciden en reconocer a los tecnócratas como un actor protagónico y determinante en el sistema político de gobierno actual, sea para el mantenimiento de la estabilidad institucional (Dargent 2015, Vergara y Encinas 2016) o más bien como un potencial agente de cambio y mejora institucional (Ghezzi y Gallardo 2013). Dargent (2015), por ejemplo, encuentra las diversas condiciones que explican el empoderamiento de los tecnócratas en el Perú y Colombia. Por su parte, Vergara y Encinas (2016) construyen sobre el trabajo de Dargent e incorporan a los burócratas como un actor clave aliado a los tecnócratas —tecnoburócratas— para explicar la prevalencia de las políticas neoliberales en el Perú. Al igual que los tecnócratas, los burócratas basarían su poder en su conocimiento especializado (Dargent 2015). Dicho esto, mientras que el *expertise* de los primeros se relaciona con el ámbito del diseño de las políticas públicas, los segundos sustentan su poder en el *know how* que poseen sobre los procedimientos y normas legales que rigen el funcionamiento del Estado.

Al igual que en los trabajos sobre cambio institucional mencionados más arriba, los estudios sobre la burocracia peruana descritos no han tratado a profundidad el ámbito de la implementación de las políticas públicas. Además, y en relación con esto, se concentran en estudiar el Estado central, dejando de lado dinámicas relevantes para entender el Estado que se llevan a cabo en el ámbito local, ahí donde las políticas públicas finalmente se materializan frente a la sociedad.

El presente estudio argumenta que las técnicas de legibilidad económica del Estado peruano —agrupadas en el paradigma de la nueva gerencia pública— subyacen a uno (no el único) de los principales sistemas de operación que coexisten en él, el cual denominamos *sistema económico de diseño compartimentado*.[8] Este sistema de operación se multiplica en los demás ámbitos del Estado mediante la réplica de sus planes, sistemas administrativos y artefactos a través de los cuales transcurren los procesos burocráticos, aun en aquellos campos que nada tienen que ver con la economía.

No obstante su predominancia por la capacidad de réplica que le proporcionan estas técnicas, este sistema de operación no es exclusivo ni excluyente, sino que convive y se produce mutuamente con múltiples formas burocráticas que ocurren en el ámbito de

8. Para quienes están más familiarizados con los términos que se manejan en la gestión pública peruana, en este concepto, en cierta medida, sintetizamos tres enfoques u orientaciones de gestión que son promovidos por distintas instancias de gobierno con diferentes grados de éxito: el enfoque por resultados (MEF), el enfoque de planificación (Centro Nacional de Planeamiento Estratégico [CEPLAN]); y el enfoque por procesos (Secretaría de Gestión Pública).

la implementación de las políticas públicas. Partiendo del caso de Ayacucho, mostraremos que el sistema de operación que articula estas prácticas burocráticas atiende a una razón emprendedora, donde ante la precariedad de las demás alternativas de desarrollo, el universo de la inversión pública se constituye como el ámbito idóneo para el desarrollo de estrategias de progreso personal y empresarial.

Diversos autores, inspirados en la antropología del Estado (Trouillot 2001, Mitchell 2006), sostienen que el Estado se produce en las prácticas cotidianas de agentes públicos y privados. Como mostraremos en el caso de Ayacucho, los agentes operan el SNIP —uno de los sistemas administrativos más importantes del Estado peruano, responsable de la supuesta racionalidad de la inversión pública y garante de su eficiencia— en dinámicas donde las fronteras entre el Estado y la sociedad se diluyen permanentemente (Abrams 2006, Trouillot 2001).

Estas prácticas responden principalmente a lo que denominamos un *sistema de operación emprendedor competitivo*, según el cual las empresas compiten por las licitaciones, los consultores por los contratos y los ciudadanos y las entidades estatales por convertirse en una prioridad presupuestal para el MEF. Alrededor del sistema de operación emprendedor competitivo, en un entorno poco dinámico como Ayacucho, convertirse en un consultor municipal o en un contratista de obras públicas es uno de los principales medios de progreso, tal como pudimos constatar en la Universidad Nacional de San Cristóbal de Huamanga, a partir de conversaciones con estudiantes de diversas disciplinas, y revisando la malla curricular que incorpora los "proyectos de inversión pública" entre sus principales materias.

En la lógica reduccionista del sistema económico de diseño compartimentado, la eficiencia en la gestión pública se entiende principalmente como la capacidad de realizar obras de infraestructura, el elemento más tangible de la producción económica. Así, la eficiencia se ha convertido en un principio fundamental que rige tanto las actividades del Estado peruano como las expectativas que tiene de este la sociedad. Al igual que en la historia de *Amadeo*, donde los procesos se reconfiguran alrededor de la obtención de resultados materiales, para buena parte de la ciudadanía la eficiencia del Estado para realizar obras de infraestructura es considerada como una virtud deseable a expensas de otros principios. No en vano, en más de un proceso electoral se ha popularizado la frase "roba pero hace obra".

En la búsqueda por lograr eficiencia en la consecución de obras, los burócratas se topan con dilemas como el de *Amadeo*. En su caso, la forma que adoptó la solución que utilizó para reinventar el proceso del SNIP estuvo condicionada por la necesidad de cumplir con los procesos formales impuestos por este, de tal manera que fueron sus prácticas "informales" las que finalmente hicieron posible mantener la "formalidad" del proceso. Así, en la historia de *Amadeo*, la aprobación del perfil por parte de la oficina de programación de inversiones se convirtió en un ritual de verificación de un orden previamente establecido (Power 1997), pues la viabilidad del proyecto se determinó desde el momento en que él mismo lo diseñó, o mejor aún, desde que el alcalde se lo indicó. Este tipo de prácticas son producidas permanentemente en la interacción de los sistemas de operación económica de diseño compartimentado y emprendedor competitivo, y es a través de ellas que identificamos los efectos producidos por las operaciones cotidianas del Estado.

Finalmente, argumentaremos que es a través de estos efectos (Mitchell 2006) que el Estado se constituye verticalmente (Ferguson y Gupta 2002) en la constante formación de escenarios fértiles para la fusión de prácticas públicas y privadas. Tanto en el trasfondo conceptual del diseño de sus políticas, como en las dinámicas producidas alrededor de su implementación y gestión, el sistema de inversiones está marcado por la creciente desestatización de las actividades estatales. Agentes no estatales, como consultores, organismos de la sociedad civil, empresas contratistas e incluso organismos internacionales, cada vez más, asumen el protagonismo de las funciones que convencionalmente atribuimos a los Estados (Trouillot 2001, Ferguson y Gupta 2002, Mitchell 2006).

Este fenómeno se consolida de manera cada vez más potente en la creación de una serie de esquemas de gobierno que privilegia la acción privada para asumir funciones públicas. Ejemplos recientes de esto son los esquemas de obras por impuestos y las asociaciones público-privadas, que han vuelto a ser foco de atención a raíz de los escándalos de corrupción protagonizados por la empresa brasileña Odebrecht.

Los objetivos y el método

¿Cómo se producen desencuentros entre el sistema de pensamiento que subyace a las políticas de diseño tecnocrático que se despliegan desde Lima y las prácticas cotidianas con las que se produce el Estado, a través de su burocracia, en el ámbito local? ¿Cuáles son las consecuencias de estos desencuentros y qué repercusiones tienen sobre la manera como se despliega el Estado en el territorio?

El objetivo principal de este trabajo es describir los procesos mediante los cuales el Estado peruano se extiende en el territorio (en este caso, en Ayacucho), para de esta manera explicar cómo se constituye a través de las prácticas cotidianas de sus funcionarios y ciudadanos. Por lo tanto, el énfasis está en las dinámicas de interacción de los dos sistemas de operación que hemos presentado, vistas desde la *performance* de los funcionarios y sus prácticas diarias alrededor del SNIP. Siguiendo la propuesta teórica de Mitchell, consideramos que es en estas prácticas donde es posible observar cómo el Estado se produce en efectos que disipan los límites entre lo público y lo privado, entre el Estado y la sociedad (Mitchell 2006, Trouillot 2001). De manera similar, siguiendo a Hull, mostraremos cómo los sistemas estatales modernos, como el SNIP, se articulan con prácticas locales (Hull 2012), lo cual permite su reproducción a lo largo del territorio y, en última instancia, su funcionamiento.

Selección del caso

Desde las reformas de ajuste aplicadas en el Perú en los años noventa, el MEF goza de un particular predominio en el aparato estatal. Más específicamente, proyecta su influencia no solo a través del manejo presupuestal de todas las entidades de gobierno del Poder Ejecutivo, sino también de las técnicas de gestión y auditoría mediante las cuales se impone verticalmente en diversas esferas.[9] Esto le ha permitido constituirse en una de las entidades más influyentes y longevas en el orden nacional.

Al mismo tiempo, el creciente protagonismo del MEF ha coincidido con el hecho de dirigir la mayor parte de los recursos y esfuerzos de los sucesivos gobiernos a construir infraestructura, una situación fácilmente constatable en la distribución del presupuesto público de los últimos años. Esto da lugar a pensar que es en la expansión de la infraestructura donde encontramos las señales más notorias del despliegue estatal y de los sistemas de operación que lo dominan.

9. Podemos tomar como ejemplo no solo el SNIP, sino también los mecanismos de incentivos y los presupuestos por resultado, entre otros sistemas y normativas que dan forma a la ejecución presupuestal de las entidades.

Por ello, consideramos que el análisis del Estado peruano debía partir de los sistemas de gestión mediante los cuales el MEF ha desplegado una visión "técnica" y vertical en su construcción. Así, el SNIP, que en cierto sentido "conecta" a todos los niveles y sectores de gobierno con ese ministerio, resultaba idóneo para esta tarea.

Desde su aplicación en el año 2000, el SNIP se ha consolidado como el sistema administrativo insignia de la gestión de las inversiones. Aun cuando interactúa con diversos sistemas administrativos del Estado, como los de gestión de recursos humanos y los de contrataciones y adquisiciones, el SNIP ha adquirido por sí mismo un protagonismo singular. Tras 15 años de creado, es el sistema administrativo mejor consolidado en su operatividad y uno de los principales agentes formadores del Estado peruano. Por lo tanto, sus huellas en el sistema burocrático reflejan de manera notoria los sistemas de operación que rigen el Estado, vistos desde los proyectos de inversión pública, pero reproducidos en múltiples ámbitos de la gestión estatal.

Por lo tanto, el análisis del SNIP no podía hacerse solo con entrevistas o bases de datos proporcionadas por las entidades estatales, sino con la observación de sus efectos en otras entidades públicas. Nuestro interés particular se encontraba en municipios distritales, predominantemente rurales, ya que casos de este tipo nos permitirían analizar el despliegue del Estado en el territorio. Así, nuestra primera visita de campo se gestó tras una conversación informal con un director de línea del MEF.[10]

10. En Lima se realizaron entrevistas a profundidad a funcionarios de línea y de alto nivel del MEF, y a "especialistas" involucrados en distintos momentos de la creación, diseño y operación del SNIP. Asimismo, se observó de manera participativa la realización de dos talleres de capacitación en el SNIP

Según el experimentado servidor del gobierno nacional, la gestión del alcalde distrital de *Tajopampa* (Ayacucho) era un ejemplo extraordinario para la institución. Un joven que inició su mandato con tan solo 29 años, y que ahora lideraba su segunda gestión, había logrado el impresionante récord de cubrir al ciento por ciento los servicios básicos de saneamiento y electrificación rurales en su distrito. Todo esto desde un municipio con uno de los presupuestos más reducidos en el ámbito nacional y, por supuesto, también con uno de los índices de pobreza más altos.

Según el servidor público, quien mencionó el caso precisamente por su singularidad, en el MEF atribuían estos logros a que en la Municipalidad Distrital de *Tajopampa* se había conformado un equipo de egresados de los mejores puestos de la Universidad Nacional de San Cristóbal de Huamanga, quienes en poco tiempo se convirtieron en expertos en elaborar perfiles de proyectos de inversión pública. Así, a pesar de ser una institución con muy poco presupuesto anual, la Municipalidad Distrital de *Tajopampa* consiguió desarrollar importantes obras de infraestructura con dinero del Gobierno central, pues aparecía con bastante frecuencia en la lista de municipalidades ganadoras de fondos concursables promovidos por los diversos ministerios en Lima. Esto le había merecido al alcalde numerosos premios que recibió de manos del propio presidente de la República.

¿No era acaso una buena oportunidad observar un caso que de acuerdo con la óptica del MEF resultaba exitoso? En la medida en que *Tajopampa* era un ejemplo de éxito bajo los mecanismos de medición que utiliza el Estado, nos permitía poner a prueba los alcances de esta visión.

---

organizados por la Dirección General de Política de Inversiones del MEF y dirigidos a funcionarios sectoriales y de niveles de gobierno subnacional.

Método

Así llegamos a Ayacucho. En una primera visita a finales de 2014, estuvimos en *Tajopampa*, donde entrevistamos a diversos actores locales, como funcionarios, exfuncionarios, líderes locales y autoridades del centro poblado de *Desengaño*, lugar al que llegamos siguiendo un proyecto de desarrollo de infraestructura hídrica del programa Mi Riego. Esta primera visita nos permitió conocer a *Piero*, un asesor del alcalde de la Municipalidad Provincial de *Shobash* –provincia a la que pertenece *Tajopampa*–, con quien en adelante pasaríamos varios días observando su *performance* en distintos roles alrededor de las inversiones públicas. Conocerlo nos abrió las puertas al gran universo que es la red de funcionarios y "perfileros".

Además de su rol "formal" como asesor, *Piero* se desempeñaba como consultor de diversas municipalidades (incluida la suya), para lo cual había conformado un equipo dedicado a la elaboración de perfiles. Sus redes políticas y empresariales se extendían por el ámbito regional, pues estando próximas las elecciones regionales, se encontraba trabajando en la campaña de uno de los candidatos al gobierno regional por su mismo partido. Meses después, tras la derrota electoral, seguimos a *Piero* en su nuevo rol como gerente de Desarrollo Social de la Municipalidad Provincial de *Nogaltambo*, cargo al que llegó por las redes políticas en las que estaba inmerso, las cuales le permitían hacer crecer su negocio de elaboración de perfiles.

Gracias a las gestiones de *Piero*, en *Nogaltambo* pudimos hacer trabajo de campo en la municipalidad. Ahí, entrevistamos y observamos participativamente durante una semana la labor de los empleados de las gerencias de Desarrollo Social y de Infraestructura. En esta última trabajan todos los funcionarios involucrados directamente con el SNIP.

Esta experiencia fue particularmente enriquecedora por tres motivos. En primer lugar, nos permitió comparar y contrastar las formas de operar de dos gerencias con objetivos muy distintos: para una el desarrollo de infraestructura y para la otra el desarrollo de las personas. En segundo lugar, pudimos observar las dinámicas alrededor de la gestión de inversiones en un momento crítico como es el inicio de una gestión. A partir de ello fuimos capaces de constatar la importancia de las prácticas documentarias que rodean el mundo de la inversión pública, tanto en sus versiones materiales como en las digitales, en un contexto donde el manejo de información es crucial para la continuidad de los proyectos heredados de la gestión saliente. Por último, tuvimos la posibilidad de frecuentar durante una semana, tanto dentro como fuera del recinto de la municipalidad, a los equipos encargados de la infraestructura y del desarrollo social. Gracias a ello pudimos sumergirnos en el mundo de los "perfileros" y conocer sus trayectorias, sus ambiciones y las formas de construir el Estado a partir de su trabajo.

Plan del estudio

Este artículo consta de tres secciones. La primera presenta el paradigma de gestión pública que llegó al Perú con el neoliberalismo, el de la "nueva gestión pública", y describe brevemente su rol en la creación de una estética "racional" alrededor de la arquitectura de organización del Estado y sus consecuencias. En la segunda sección, presentamos el estudio de caso a través de las historias de vida de los llamados "perfileros" y demás agentes alrededor del SNIP. Finalmente, cerramos con una tercera sección en la que se discute brevemente cómo estudiar el Estado y se presentan las conclusiones.

1
La ruta económica hacia la compartimentación de la burocracia estatal

"Ocúpate de tu ministerio, no de los otros".

Quinto mandamiento del presidente de la República, Pedro Pablo Kuczynski, para su Gabinete de Ministros.

El paradigma neoliberal de la gestión pública

En el Perú de la década de 1990, la aplicación de las reformas neoliberales de mercado terminó por zanjar una larga disputa ideológica alrededor del rol del Estado.[11] En medio de una crisis signada por la precaria legitimidad política, económica y social, los gobernantes de turno acudieron a los organismos internacionales, que por aquel entonces condicionaban su apoyo económico a la aplicación de una lista de medidas conocida como el Consenso de Washington. Los lineamientos propuestos en este consenso contaron con el respaldo

11. Al respecto, véase Crabtree 2005, quien realiza un buen recuento de los vaivenes entre políticas de Estado y mercado en el Perú,

ideológico de una serie de preceptos económicos que defienden la liberalización de la economía y la política en favor del individuo, y que por lo tanto promueven reducir las funciones del Estado hasta su expresión más mínima.[12]

El impacto de estas reformas sobre el crecimiento económico sostenido que hemos observado en la última época es difícilmente discutible, mas no ocurre lo mismo con sus (d)efectos. Fuera de los linderos de las políticas macroeconómicas, las reformas neoliberales han demostrado tener serias limitaciones, las cuales se han expresado de manera más evidente en la profundización y reproducción de las desigualdades económicas, sociales y políticas. No obstante estas limitaciones, la fórmula con la que se asume que ha sido posible afianzar el crecimiento económico se ha convertido en una especie de principio incuestionable, donde "lo técnico" ha asumido un rol de "legitimación casi tácita" (Cerna 2016).

La condición indiscutible de "lo técnico" —y de los técnicos (Dargent 2015)— se refuerza en su oposición a "lo político".[13] Esta oposición se fabrica de forma análoga a la asociación a priori que existe entre la ineficiencia y el Estado frente a una asumida eficiencia del sector privado. Así, es fácil construir un sentido común en contra de un Estado que en tanto politizado es ineficiente, y uno en

---

12. En el Perú, este tipo de medidas se aplicó incluso de manera más radical de lo que proponían los organismos internacionales (Dargent 2015: 98-99).

13. Sobre esto, vale la pena revisar el trabajo de Diego Cerna (2016), quien ilustra cómo en el caso de la defensa de la Ley del Servicio Civil, apelar a lo técnico es una de las varias estrategias discursivas utilizadas por los medios de comunicación y el Gobierno para respaldar su posición, donde lo técnico cumple una función de legitimación casi tácita. De otro lado, cuando Cerna describe las estrategias discursivas empleadas por los medios de comunicación que presentan información sobre la reducción del canon, encuentra que parte de la estrategia consiste en hacer referencia a intereses políticos para descalificar a los opositores de la medida.

favor del sector privado que en tanto despolitizado, y por lo tanto "puramente" técnico, se asume eficiente. Sin embargo, como iremos demostrando a lo largo de este estudio, el funcionamiento del Estado se constituye sobre la base de dinámicas en las que difícilmente se pueden diferenciar las prácticas públicas de las privadas (Ferguson y Gupta 2002). Por lo tanto, calificar las operaciones del Estado en contraposición a las del sector privado resulta en apreciaciones que la mayoría de veces no se sostienen en la realidad.

No obstante esto, los sentidos comunes sobre el Estado y el sector privado han logrado afianzarse, situando al segundo en el centro de la fórmula ideal para el desarrollo. Podemos tomar como ejemplo el papel principal que desde algunos espacios se le ha asignado a las industrias extractivas en esta tarea, aun cuando su impacto en el desarrollo sea indirecto, mediante el mecanismo del "chorreo". Es sobre la base de estas nociones, también, que las principales técnicas de reforma de la gestión pública promovidas, junto con el neoliberalismo, se apoyan en la transferencia de prácticas gerenciales del sector privado hacia la gestión pública, una ecuación conocida como la "nueva gerencia pública".

Los orígenes de la nueva gerencia pública se remontan a la década de 1980 en Gran Bretaña, donde Margareth Thatcher llega al poder para afrontar una severa crisis económica. En lo que respecta a la burocracia estatal, uno de los principales retos que enfrentó fue el de sanear instituciones que encontró corruptas en todos sus niveles. Coherente con los ideales neoliberales que promovía, buscó la solución a este problema en el sector privado, y la halló en el conjunto de herramientas utilizadas por las grandes corporaciones para auditar sus finanzas.[14] Sobre la base de estas herramientas, la

14. Michael Power (2000: 112) señala que el "[...] conglomerado de ideas que constituye la nueva gerencia pública (Hood 1991) incrementó las demandas

nueva gerencia pública se configuró como el nuevo sistema de métodos e instrumentos orientado a mejorar el funcionamiento de las entidades públicas, pero cuyo origen fue pensado para controlar y dirigir las actividades que realizan.

Uno de los principales esquemas de diseño organizacional importado de las empresas es el *plan estratégico*. Este plan es la columna vertebral de la nueva gerencia pública, pues estandariza la estructura de las instituciones y canaliza sus actividades en función de un único esquema compuesto de una *visión*, una *misión* y unos *objetivos*. En la visión, la entidad define su horizonte, que es un escenario ideal y, por lo tanto, inalcanzable. Sirve como el punto de referencia a partir del cual se estructuran los demás elementos que componen una administración. Desde la visión, la institución se desagrega progresivamente yendo de lo más abstracto a lo más concreto, hasta "materializarse" finalmente en indicadores que registran sus acciones.

Así, en una versión simple del planeamiento estratégico, a la visión le sigue una misión, la cual da cuenta de aquello que la entidad quiere lograr y la motivación que tiene para hacerlo, dando sentido a la existencia de la entidad dentro de la arquitectura del Estado. La misión se desagrega en objetivos, los cuales conforman un grupo de metas a cumplir para alcanzarla. Los objetivos, a su vez, se subdividen en actividades, que manifiestan las acciones que debe seguir la entidad para lograrlos. Finalmente, el registro de que una actividad ha sido llevada a cabo se concreta en indicadores, cuyo propósito atiende a la necesidad de constatar que la realización de

---

por auditorías financieras y de valor por dinero" (traducción propia). De este modo, identifica a la nueva gerencia pública como uno de los principales fenómenos que explica lo que denomina la "explosión de auditorías" ocurrida desde mediados de la década de 1980.

las actividades contribuye al logro de los objetivos, la misión y la visión de la entidad.

De esta manera, los designios de la nueva gerencia pública se canalizan perfectamente en indicadores que operativizan la "visión de túnel" del Estado sobre sus propias entidades, tomando prestado el término de Scott (1998). Si bien él usa esta metáfora en la descripción del proceso de legibilidad que utilizan los Estados para gobernar a la sociedad, la encontramos también útil para describir la forma en que los Estados, desde la nueva gerencia pública, gestionan la multiplicidad de entidades que los componen, y a través de ellas, a la sociedad. Los procesos son similares en la medida en que dependen de la estandarización con fines utilitarios, y de la consecuente simplificación de los atributos, en un caso de la sociedad y en el otro de los organismos que configuran el Estado. En ambos casos, las limitaciones se expresan en la exclusión de aquellas características que no están contempladas en el modelo estándar utilitario para la planificación estatal.

La arquitectura formal del Estado y sus efectos en el territorio

Como parte de la política de modernización del Estado iniciada en la década de 1990, hoy en día todas las entidades del Gobierno peruano están obligadas a contar con un plan estratégico. Producto de esto y de otras políticas con los mismos fines, en la gestión pública abunda una amplia variedad de instrumentos de gestión que redundan en planes, objetivos e indicadores que organizan las actividades de las entidades en una forma que puede ser auditada. En estos instrumentos, los componentes del plan estratégico adoptan múltiples formas, como marcos lógicos, estrategias, programas, políticas y otros esquemas, dependiendo del contexto en el que opere el instrumento en cuestión y de los fines específicos para los que se lo ha creado.

Lo constante en todos ellos es la capacidad de desagregación progresiva de las ideas y actividades hasta llegar a aquellas abstracciones simplificadas de la realidad que son los indicadores.

Al mismo tiempo, si las herramientas derivadas del plan estratégico organizan las acciones de los organismos del Estado, existe otra serie de instrumentos normativos y de gestión igual de estandarizados, cuyo diseño atiende a la delimitación y organización de las funciones de las entidades, los órganos que las componen y los funcionarios que en ellas se desempeñan. Formatos de este tipo, como el Programa Operativo Institucional (POI), el Reglamento de Organización de Funciones (ROF), el Manual de Organización de Funciones (MOF) y el Cuadro de Asignación de Personal (CAP), cada uno con sus conocidas siglas, proliferan en el lenguaje cotidiano del sector público y construyen la estructura de la burocracia tanto en términos formales como discursivos.

El ordenamiento de funciones, competencias y actividades, plasmado en instrumentos normativos y de gestión, imprime sobre la arquitectura del aparato burocrático una estética de orden racional y compartimentado. En términos formales, este orden no da lugar a la duplicidad de funciones o actividades, algo que es considerado como un sinónimo de eficiencia, y tiende hacia la segmentación y autonomía funcionales de los organismos que componen el Estado. Este diseño tiene fines legibles, y sus efectos no son pocos, pues influyen grandemente en la manera como el Estado se despliega en el territorio de manera errática y desarticulada, tanto entre los sectores del ámbito nacional como entre los distintos niveles de gobierno.

En las actividades donde participa más de un ministerio, como por ejemplo las comisiones multisectoriales, las coordinaciones se vuelven más complejas no solo porque muchas veces la compartimentación formal de las funciones no resulta tan evidente, sino también porque esta distinción, cuando existe, se difumina aún más cuando se ingresa al universo del poder desequilibrado entre sectores. Cuando las competencias de una intervención territorial son puestas sobre la mesa, los sectores ingresan en dinámicas de negociación donde predomina el deseo de deslindar responsabilidades o, por el contrario, de aprovechar el desequilibrio de poder para transgredir las competencias de otros.

En el primer caso, el escaso deseo de asumir la responsabilidad política de alguna acción específica se confunde con el temor a sanciones por exceder las competencias funcionales que corresponden a una entidad formalmente. En estas circunstancias, se adoptan interpretaciones excesivamente restrictivas sobre los alcances de sus propias funciones y competencias, lo que da pie a que aquellas áreas grises que no han sido claramente previstas en el diseño organizacional del Estado queden desatendidas por las partes. Con frecuencia, las iniciativas que ingresan a comisiones multisectoriales creadas a partir de un conflicto social, por ejemplo, se estancan y ven sus objetivos difuminados, por lo que este esquema de trabajo hace las veces de una "congeladora" para temas políticamente "delicados", antes que ser un ámbito articulador de políticas públicas.

En el segundo caso, las comisiones multisectoriales pueden funcionar como una puerta de entrada para la intervención supervisora de sectores más influyentes en asuntos que normalmente no serían de su competencia. En este esquema, por el contrario, sectores con mayor poder en el Gobierno, y con más interés en promover alguna iniciativa, aprovechan estos espacios para atribuirse responsabilidades sobre las competencias de sectores más débiles, o por lo menos impedir que los intereses que defienden se vean contrariados. En cualquiera de los dos casos descritos, existe un tránsito relativamente rápido de la articulación sectorial para evitar la duplicidad de esfuerzos al letargo o la inacción absoluta sobre una iniciativa específica.

Este tipo de procesos de competencia se manifiestan con más intensidad en las relaciones entre niveles de gobierno, aunque como producto de una tendencia contraria. Aquí más bien, la arquitectura formal del aparato burocrático peruano reproduce de manera muy evidente las mismas funciones y competencias en distintos niveles. De esta manera, cuando hablamos de descentralización, la duplicidad de funciones y competencias entre los niveles nacional, regional y local, es más bien una norma respaldada por una arquitectura organizacional mal compartimentada.

No obstante esto, los efectos son muchas veces similares a los ya expuestos, en tanto las dinámicas de la descentralización también suelen resultar en la inacción o en la acción disfuncional. Esto es posible ya que la duplicidad de funciones permite a una entidad derivar la responsabilidad a otro nivel de gobierno que cuenta con la misma competencia. Evidentemente, esto también significa que muchas otras veces se consuma la duplicidad de funciones, lo que resulta en acciones del Estado descoordinadas y a veces hasta incoherentes, pero sobre cuyas fallas es posible deslindar responsabilidades fácilmente aprovechando los defectos del diseño institucional.

Lo importante, como veremos en el desarrollo de este estudio, es que la inacción, o la acción errática sin asumir responsabilidades, producen puntos ciegos en las operaciones del Estado. Allí, actores particulares encuentran espacios de protagonismo facilitados por la posibilidad de acudir a diferentes instancias indistintamente para desarrollar sus proyectos. En tal sentido, la multiplicidad descoordinada de competencias permite que prácticas locales de gestión desafíen las jerarquías funcionales mediante actividades que transgreden las fronteras entre lo público y lo privado.

2

Maquinarias de perfiles y contingencias del despliegue estatal

Perfiles de segunda categoría

Pocos meses después de las elecciones regionales y municipales de 2014, viajamos a *Tajopampa*, provincia de *Shobash*, en búsqueda de algún rezago de aquella gestión tan comentada en el MEF. El alcalde en cuestión había desistido de presentarse a la reelección, y el candidato por su partido resultó perdedor en el proceso electoral, por lo que llegamos en medio del proceso de transferencia. Nuestro guía de viaje era un operador político local llamado *Anthony*, quien había asesorado la campaña del nuevo alcalde, y a quien conocimos en Lima mientras hacía escala para viajar a la selva central como consultor del Programa de Naciones Unidas para el Desarrollo (PNUD).[15]

15. Entendemos a los operadores políticos como *brokers* encargados de múltiples tareas que facilitan la coordinación política (Zarazaga 2014). Si bien para el caso peruano algunos trabajos previos han estudiado el rol de los operadores en conflictos sociales (Meléndez 2012) y en la movilización electoral (Zavaleta 2014), este capítulo describe el papel de los operadores políticos en la coordinación ejecutiva de los gobiernos locales.

Salimos temprano por la mañana de Huamanga y, tras un largo recorrido bordeando el río Mantaro, llegamos a un pequeño valle que en términos agrícolas solamente podríamos describir como agreste, no sin antes haber sido detenidos brevemente por la ronda que resguardaba la vía para identificarnos. *Tajopampa*, capital del distrito del mismo nombre, es un pueblo bastante pequeño que fue víctima de un ataque terrorista por última vez hace menos de siete años. Aquella noche se produjo la muerte de un policía, cuando un grupo subversivo atacó la comisaría del lugar como represalia a la detención de un importante contingente de tráfico ilícito de drogas.

La comisaría se ubica a un costado de la municipalidad, en la plaza de Armas, desde donde las casas se despliegan a lo largo y ancho de una estrecha explanada y hacia la cima de los cerros tan solo por un par de cuadras. El reducido paisaje urbano de los cerros está dominado por un estadio de fútbol abandonado y un sinnúmero de letrinas que dan cuenta de los alcances en saneamiento descritos por el directivo del MEF, pero cuyo uso no era muy distinto al del estadio. Desde la plaza, los cerros caen en forma pronunciada hasta el fondo de un valle angosto y de difícil acceso, lo que hace que las empinadas laderas de los cerros se constituyan en los mejores espacios para el desarrollo agrícola de la zona.

La persona que nos recibió en la plaza de Armas fue el padre de *Anthony*, a quien conocimos brevemente mientras conversaba con parroquianos locales en una de las veredas. *Anthony* provenía de una familia de agricultores y líderes políticos en *Tajopampa*, adonde habían vuelto tras pasar años en un accidentado recorrido por distintos lugares de la región, escapando de las fases de la violencia política que golpeó Ayacucho en los años ochenta y noventa.

Su padre, aunque en ese momento no ocupaba ningún cargo administrativo ni comunal, era considerado uno de los líderes de la zona por los constantes oficios que realizaba ante el Estado para mejorar las condiciones de los agricultores. Gracias a sus coordinaciones pudimos continuar nuestro trayecto hasta el centro poblado de *Desengaño*, donde nos esperaba el alcalde para mostrarnos los avances del proyecto de infraestructura hídrica que ahí se estaba desarrollando, y por el cual habíamos viajado.

Desengaño se ubica a una hora y media de camino, subiendo hasta llegar a un frío y árido altiplano para luego bajar nuevamente a un valle de características muy similares a las de *Tajopampa*. Entre los restos de lo que alguna vez fue una iglesia, nos recibieron dos grandes letreros con información de proyectos de inversión pública. A la mano derecha de las ruinas, erguido se encontraba el letrero con los detalles del proyecto de ampliación de infraestructura hídrica *Desengaño-Santa Clara* del programa Mi Riego. En él, además de los montos de la obra, figuraba como unidad ejecutora del proyecto el Programa Subsectorial de Irrigaciones, información que discrepaba con aquella consignada en el Banco de Proyectos del SNIP, donde al momento de nuestra constatación figuraba como unidad ejecutora el Programa de Desarrollo Productivo Agrario Rural (Agrorural).

A la izquierda, tirado en el piso, roto, se hallaba el cartel de un proyecto ejecutado por la municipalidad distrital de *Tajopampa* para proveer de agua potable y letrinas a 33 comunidades del centro poblado, en el marco de aquel tan preciado logro del ciento por ciento de saneamiento. Algunos metros más adelante nos esperaba el alcalde en la comunidad de *Santa Clara*, con quien recorrimos durante 30 minutos un camino de trocha carrozable que terminó en la ladera de un cerro. Desde ahí, emprendimos una caminata por un paso empinado de herradura subiendo durante 45 minutos hasta llegar a la bocatoma del proyecto de irrigación. A lo largo de la vía, se acumulaban hacia los costados de la carretera y el camino de paso las tuberías y demás material de obra que eventualmente llevarían el agua desde la bocatoma hasta las chacras de los agricultores del valle.

Durante el recorrido, el alcalde del centro poblado contaba detalles del desarrollo de la obra y anunciaba que en pocos días viajaría por quinta vez a Lima con motivo del proyecto, esta vez para gestionar la ampliación del presupuesto. En los términos formales de los procesos de inversión pública, esta gestión se conoce como "solicitar el adicional de obra".

De acuerdo con el alcalde, el diseño del proyecto había sido tan deficiente que su presupuesto no alcanzaba para la realidad que estaban enfrentando. Por ello, resultaba necesario tramitar la ampliación presupuestal, algo que posteriormente fue confirmado por el ingeniero a cargo de la supervisión de la obra y por funcionarios vinculados al diseño del perfil. Entre otras cosas, el traslado de materiales desde la carretera hasta la bocatoma, a lo largo de la caminata de 45 minutos (en realidad, 20 minutos para los comuneros de *Desengaño*), tenía un costo de ocho nuevos soles por flete, y no de un nuevo sol, como se había calculado inicialmente.

Por este motivo, y para evitar la paralización del proyecto mientras se realizaban los trámites para obtener el adicional de obra, la comunidad estaba organizada para cargar las tuberías desde la carretera hasta la bocatoma. El pago por estos servicios se haría en el futuro con el dinero que se obtendría de la ampliación presupuestal, por lo que las gestiones del alcalde en Lima servirían para cubrir costos de acciones ya ejecutadas. De esta manera, la solicitud del adicional de obra serviría para reafirmar actividades preestablecidas y para, a través de su "formalización", incorporarlas al ámbito de visión del Estado mediante operaciones económicas ajenas al orden temporal de los procesos formales del ciclo de la inversión.

El perfil de este proyecto había sido elaborado y aprobado en el SNIP por la Municipalidad Provincial de *Shobash*, como parte de los compromisos de campaña asumidos por el alcalde provincial. A cambio, él había recibido el respaldo electoral de los vecinos del centro poblado de *Desengaño* en los comicios. No obstante esto, la municipalidad provincial no contaba con los recursos suficientes para su ejecución, por lo que elevó el perfil aprobado para acceder al Fondo Mi Riego, con lo que una vez conseguido su financiamiento, se transfirió la responsabilidad de la ejecución de la municipalidad provincial al Ministerio de Agricultura y Riego (MINAGRI).

Por su parte, el MINAGRI cuenta con diversos programas operativos con las competencias para hacer las veces de unidades ejecutoras de los proyectos financiados con este Fondo. Así, debido a que el proyecto había sido transferido entre unidades ejecutoras del propio ministerio, la información consignada en el letrero no coincidía con la del Banco de Proyectos del SNIP.

Días después, yendo tras el rastro del perfil de este proyecto, conocimos al hermano mayor de *Anthony*, *Piero*, quien también era egresado de la Universidad de San Cristóbal de Huamanga y trabajaba como asesor del alcalde de la Municipalidad Provincial de *Shobash*. *Piero* tiene una vasta trayectoria en la política ayacuchana, al igual que en la gestión pública y organismos no gubernamentales. Esto se refleja en su discurso pragmático y en el manejo indistinto y articulado que hace del castellano y el quechua, lengua que habla con mayor fluidez que *Anthony*. *Piero* es un comunicador social que paralelamente a su trabajo en la municipalidad provincial realiza consultorías en la elaboración de perfiles de proyectos de inversión pública, los cuales coloca fácilmente por los contactos que le proporciona su cargo. Para esto, cuenta con un equipo de jóvenes economistas que, junto con su esposa, utilizan su hogar como espacio de trabajo y centro de operaciones.

Piero recordaba con mucho detalle el proyecto de infraestructura hídrica *Desengaño-Santa Clara*, y a través de su relato nos introdujo al gran universo de los "perfileros", como se conoce a las personas dedicadas a la elaboración de proyectos y perfiles de inversión pública. En sus palabras, este resultaba un claro ejemplo de "un perfil que no debía haber salido". Desde su punto de vista existen dos categorías de perfiles. Los de primera categoría, explicó, son aquellos perfiles elaborados para ser ejecutados, y por lo tanto, para los cuales habrá voluntad política prioritaria; los de segunda categoría, por otro lado, son elaborados para no ejecutarse y cumplen otras funciones, por lo que muchas veces se hacen sin las especificaciones debidas.

A lo largo de la última década, contó *Piero*, el MEF y algunas ONG se encargaron de promover la cultura del SNIP en Ayacucho a través de cursos de capacitación y seminarios. Aparentemente, alrededor de esta cultura se ha construido el sentido común de que la aprobación del perfil en el SNIP por la oficina de programación de inversiones constituye el fin último, sin considerar que una vez aceptado se inicia otra serie de procesos, entre ellos el más importante, conseguir los fondos para su financiamiento. Como consecuencia de esto, presentar perfiles ante la población funciona como una válvula de escape que le da oxígeno a la gestión municipal. En ese sentido, agregó, "[...] el perfil crea la sensación de que va a llegar dinero, y da un respiro para que la municipalidad pueda avanzar con sus propios proyectos".

Black markets

De otro lado, los perfiles de segunda categoría también pueden servir como favores para que un "perfilero" construya su carrera profesional. Para ganar concursos por montos mayores, e incluso para ganar licitaciones millonarias para la ejecución de obras, se exige experiencia documentada en años y proyectos realizados. Finalmente, continuó *Piero*, contratar "perfileros" es también una forma fácil de "[...] pagar favores [deudas] asumidos durante la campaña o a veces para pagar por servicios realizados para otros proyectos de la municipalidad que no se pudieron pagar en su momento". Todo esto se realiza mediante contratos de consultoría bajo la modalidad de terceros, con montos lo suficientemente bajos (de menos de tres unidades impositivas tributarias) para evitar los concursos exigidos por ley a partir de determinada cantidad.

Por ejemplo, terminó por confesar, el perfil del proyecto *Desengaño-Santa Clara* encajaba en la categoría de los que se diseñaban para no ser ejecutados. La persona que elaboró el perfil fue *Gustavo*, otro de los asesores de la municipalidad provincial, a quien se le tenía una deuda, y quien al igual que *Piero* formaba parte de las redes políticas del alcalde. De hecho, en los últimos comicios había sido electo como alcalde de otro distrito de la provincia.

Gustavo había conseguido que un conocido colocase su firma en los documentos que sustentaban el perfil, de manera que la acción no generara conflictos con su cargo en la municipalidad y él pudiera recibir el pago correspondiente. Al ser este un proyecto del tipo "que no iba a salir", el trabajo se realizó por menos de diez mil soles para evitar el concurso público, aun cuando la magnitud del mismo exigía un monto mayor por los trabajos de campo. El resultado fue la elaboración de un perfil incompleto, que en su implementación presentó los problemas ya descritos.

En cierta forma, este tipo de prácticas constituyen una "corrección" de las deficiencias del mercado laboral municipal, las que son generadas por la disociación existente entre la política remunerativa dictada por el MEF para los gobiernos locales y la dinámica del mercado laboral que opera alrededor del SNIP desde su creación. De acuerdo con la ley N.° 28212, vigente desde el año 2004, las remuneraciones de los alcaldes se calculan en función de la cantidad de población que reside en la jurisdicción municipal, con excepción de la Municipalidad Metropolitana de Lima, que cuenta con un régimen especial. Como resultado de esta fórmula, la media de salarios de las autoridades municipales se encuentra alrededor de los 2244 nuevos soles (poco menos de 800 dólares) (Cerna et ál. 2013), incluso en municipios en los que se gestionan presupuestos millonarios provenientes del canon. Este monto sirve de guía para determinar el tope de la escala remunerativa de los funcionarios municipales.

En el otro lado de la ecuación, el SNIP se ha convertido en uno de los principales agentes dinamizadores del mercado laboral público desde su creación en el año 2000. Las municipalidades y demás entidades gubernamentales dependen de la operación de este sistema para ejecutar la mayor parte de su presupuesto, por lo que en un contexto de bonanza económica, las competencias humanas en el manejo de este sistema administrativo y las redes que se han construido a su alrededor son cada vez más valoradas en el mercado laboral. No obstante esto, la política de remuneraciones no ha evolucionado a la par de las dinámicas laborales producidas por el SNIP, por lo que la tasa de movilidad laboral suele ser bastante elevada.

Una persona capacitada en este sistema administrativo adquiere un valor en el mercado mayor al que las municipalidades son capaces de ofrecer por las restricciones legales descritas. Por lo tanto, la movilidad laboral en el mundo municipal se ha constituido en una de las mayores dificultades para iniciativas de fortalecimiento institucional de las municipalidades, que constantemente observan cómo sus esfuerzos por mejorar los conocimientos y competencias de sus recursos humanos se diluyen en la fuga del personal hacia instituciones capaces de hacer mejores ofertas o se vuelven consultores independientes. Como nos enseña la historia de *Amadeo* (reseñada en la introducción) y la del asesor de la municipalidad provincial, *Gustavo*, uno de los principales efectos no esperados del SNIP es que, como producto de esta dinámica de movilidad laboral, somos testigos de una constante permuta entre los roles de funcionario y consultor externo, papeles que a veces incluso son cumplidos de manera simultánea.

Espacios para la contingencia: la descentralización compartimentada del Estado

¿Cómo se inicia la construcción de un proyecto diseñado (deficientemente) para no ser ejecutado? Una vez que el perfil es ingresado en el SNIP y aprobado por la oficina de programación de inversiones de la municipalidad, este se considera apto para recibir financiamiento. Existen múltiples opciones para financiar proyectos de inversión pública, desde el presupuesto de la propia entidad hasta los diversos fondos para proyectos en temáticas específicas gestionados por el gobierno nacional, como por ejemplo el Fondo de Promoción de Riego en la Sierra (Mi Riego). Mi Riego fue creado en 2013 con fondos de hasta mil millones de soles con el objetivo de financiar proyectos de infraestructura hídrica con fines agrícolas en localidades por encima de los 1500 msnm.

Las cuatro visitas previas que hizo el alcalde del centro poblado de *Desengaño* a Lima, donde era recibido por un congresista ayacuchano, y adonde a veces iba acompañado por el propio alcalde provincial, habían servido para gestionar la aprobación del proyecto *Desengaño-Santa Clara* en Mi Riego. Una vez que se logró el ingreso del proyecto al MINAGRI, este fue reevaluado (pues ya había sido declarado viable en el SNIP) por la Secretaría Técnica de Mi Riego, que luego de expresar su conformidad lo derivó al comité técnico, órgano compuesto por altos funcionarios de diversos sectores,[16] donde finalmente fue declarado viable para recibir presupuesto de ejecución.

Todo este proceso había sido impulsado y acompañado por el alcalde de *Desengaño* con la ayuda de sus contactos políticos en Lima y con los recursos gestionados por su comunidad para facilitar los viajes. Se trataba de gestiones que excedían cualquier tipo de cálculo que podrían haber realizado quienes elaboraron el perfil sin las especificaciones debidas y con el fin de cobrar favores internos. Al mismo tiempo, de acuerdo con uno de los miembros del Comité Técnico de Mi Riego, ellos rara vez rechazaban proyectos revisados y alcanzados por la secretaría técnica, ya que en realidad los fondos de Mi Riego son mayores a la cantidad de proyectos que llegan a sus escritorios. Finalmente, quienes elaboraron el perfil quizás nunca esperaron que el proyecto, además de ser declarado viable por la oficina de programación de inversiones, también fuera validado por la Secretaría Técnica de Mi Riego, lo que da cuenta de que en términos formales se estaba cumpliendo con los requisitos.

La capacidad organizativa de la comunidad de *Desengaño* para impulsar el proyecto, y los contactos políticos en Lima, sin duda fueron elementos necesarios para la ejecución del mismo. Una vez en el SNIP, el proyecto escapó del control de quienes lo crearon con fines distintos a su implementación, y por lo tanto, fue en la conjunción de procesos burocráticos y prácticas no estatales donde los fines del perfil se resignificaron, alineándose finalmente con los objetivos y procesos del SNIP, aunque con parámetros deficientes.

---

16. El director general de Inversión Pública del MEF; el jefe de la Autoridad Nacional del Agua; el director general de Infraestructura Agraria y Riego; el director ejecutivo del Programa Subsectorial de Irrigaciones; el director general de la Oficina de Planeamiento y Presupuesto del Minagri; y el director ejecutivo del Programa de Desarrollo Productivo Agrario Rural.

En otras palabras, la creación del perfil de proyecto para cumplir en el papel con una promesa de campaña realizada al centro poblado, pero también para pagar extraoficialmente por los servicios de uno de los asesores municipales, se corresponde de manera fortuita con prácticas desempeñadas por agentes no estatales, como las gestiones de las comunidades de *Desengaño* ante el MINAGRI y Mi Riego. Así, el ensamble de procesos se nutre de estas prácticas no estatales para posibilitar la operación del Estado a través de la construcción del proyecto, como en el traslado de materiales por parte de la comunidad. Cerrando el círculo, el efecto que diluye las fronteras entre actividades estatales y no estatales se ejemplifica perfectamente cuando ambas se sintetizan en la persona que diseñó el perfil, quien simultáneamente hace las veces de consultor "perfilero" y de funcionario, casi en un calco de la historia de *Amadeo* que contamos al inicio.

El ensamblaje errático de los sucesos descritos denota los múltiples espacios de acción estatal y no estatal que escapan del ámbito de control de los burócratas, y a la vez da cuenta de la visión limitada de los sistemas administrativos del Estado. Estos espacios, donde permanentemente se produce el Estado en sus efectos, son multiplicados y cobijados por el entrecruce desarticulado de dos dimensiones de la operación compartimentada del Estado, la cual se refuerza en los fines estéticos de su arquitectura.

Por un lado, si es que se pudiera hablar de una dimensión horizontal de la compartimentación, esta se evidencia en la participación de diversos sectores liderando la gestión de fondos para el financiamiento de proyectos de inversión pública. Esto hace posible que los gobiernos subnacionales puedan acceder de manera indistinta a fondos de carácter nacional. Así, el proyecto para el mejoramiento de infraestructura hídrica *Desengaño-Santa Clara* fue gestionado por la municipalidad provincial, en coordinación con el centro poblado, y se financió finalmente con recursos del Fondo Mi Riego, manejado por el MINAGRI;. Asimismo los proyectos de letrinas para las localidades de *Tajopampa* fueron gestionados por la municipalidad distrital y financiados por el Fondo para la Inclusión Económica en Zonas Rurales (FONIE), manejado por el Ministerio de Desarrollo e Inclusión Social (MIDIS), y el Fondo de Promoción a la Inversión Pública Regional y Local (FONIPREL), manejado por el MEF.

En este esquema, si bien todos los componentes coinciden en el mismo espacio territorial, en el centro poblado de *Desengaño* no terminan por articularse en sus procedimientos ni en sus fines, ya que son gestionados localmente por instancias de gobierno de distinto nivel y con intereses divergentes y a veces hasta contrapuestos por las estrategias y alianzas políticas locales. Así, en lugar de articularse en el territorio, los proyectos se engranan en la mirada obtusa que brinda el Banco de Proyectos del SNIP al MEF, que es el único sector que participa en todos los comités que gestionan los fondos descritos, enfocándose en indicadores equívocos, como aquel que sugiere que existe ciento por ciento de saneamiento en lugares donde la principal función de las letrinas es adornar el paisaje montañoso.

De otro lado, la estructura compartimentada coexiste con un proceso de descentralización disfuncional que reproduce los mismos procesos y operaciones de gobierno en todos sus niveles verticales. Así, se refuerza el comportamiento aislado y competitivo entre la entidades de gobierno subnacional, pero a la vez se generan las condiciones para la transgresión entre niveles de gobierno. De esta manera, la Municipalidad Distrital de *Tajopampa* se impone en el territorio de *Desengaño* a través del proyecto de letrinas, pero a la vez, en el proyecto de infraestructura hídrica, la localidad de *Desengaño* trasciende el ámbito distrital y acude directamente al provincial para conseguir el diseño y la aprobación de su proyecto en el SNIP.

Finalmente, las comunidades de *Desengaño* se organizaron para acudir a su representante parlamentario e ir directamente al MINAGRI, procurando su financiamiento involucrándose participativamente en el proceso de su implementación. Y todo esto sin el conocimiento de los funcionarios de la municipalidad provincial que diseñaron el proyecto originalmente.

En su texto sobre la "espacialización" del Estado en el territorio, Ferguson y Gupta (2002) se basan en las capacidades que tienen los funcionarios del ámbito federal de la India para transgredir niveles de gobierno, en contraposición a las imposibilidades de movilización de los burócratas del nivel local, para argumentar que el despliegue del Estado es vertical (de arriba abajo) y abarcador. Sin embargo, como podemos afirmar a partir de los procesos observados, en el marco de los proyectos de inversión pública en Ayacucho la transgresión entre niveles de gobierno no es exclusiva de los funcionarios de mayor jerarquía administrativa, ni siquiera de los agentes estatales. Actores políticos de diversa índole, como líderes comunales o los propios "perfileros" y contratistas que pueden estar interesados en promover un proyecto, transgreden los linderos creados conceptualmente por la arquitectura estatal, partiendo tanto desde lo local (en el caso del proyecto hídrico) como desde lo nacional (en el caso del proyecto de letrinas), e incluso desde lo privado hacia lo público.

Sin embargo, si bien la operación compartimentada del Estado es fundamental para entender lo errático de su despliegue en el territorio, ella no resulta suficiente para entender los sistemas de operación detrás de las prácticas cotidianas que lo constituyen. Como hemos descrito en la sección anterior, la compartimentación es el resultado de un proceso de esquematizar estéticamente la estructura del Estado de acuerdo con una serie de paradigmas tecnocráticos importados fundamentalmente del sistema empresarial.

Sin embargo, nuestro argumento quedaría vacío si no hiciéramos el mismo ejercicio por entender sistemáticamente las acciones de aquellos agentes estatales y no estatales que llenan los espacios de incertidumbre que son cobijados por esta estructura, y que finalmente constituyen la operación del Estado.

Empresarios del Estado infraestructural: obras públicas, "perfileros" y contratistas

Dos meses después de nuestra primera visita a Ayacucho, ya culminado el proceso de transferencia, volvimos para encontrar a las nuevas gestiones municipales en funciones. Quienes fueran asesores de la Municipalidad Provincial de *Shobash*, *Gustavo* y *Piero*, se habían desplegado en la gestión pública regional, reconfigurando las redes de su partido político. *Gustavo* era ahora el alcalde de una municipalidad distrital en otra provincia, por lo que ir en su búsqueda por mayores detalles de aquel accidentado proyecto de infraestructura hídrica financiado por Mi Riego, cuyo perfil él había elaborado, resultaba una empresa fútil.

Por su lado, *Piero* había asesorado la campaña del candidato de su agrupación para las elecciones regionales, y tras la derrota se reubicó como gerente de Desarrollo Social de la Municipalidad Provincial de *Nogaltambo*, jurisdicción obtenida por otro de los candidatos de su partido. *Piero* y *Gustavo* personifican indistintamente los roles de político, consultor independiente, funcionario público y operador político. Su versatilidad para mutar *performances*, independientemente del cargo ocupado formalmente, hizo posible la rápida reconfiguración de su agrupación política en el territorio ayacuchano, tras unos resultados poco alentadores en el plano electoral.

La carrera política de estos dos personajes se entrelaza con sus aspiraciones profesionales como consultores y contratistas del

Estado, por lo que el mantenimiento de estas redes, en las que las actividades públicas y privadas se coproducen, resulta sustancial para conservar su modo de vida y seguir con su desarrollo profesional. El éxito de su empresa dependerá en definitiva de los contactos que proporcionan sus redes profesionales y políticas. Igualmente, sus triunfos políticos dependerán en gran medida de los recursos económicos que les proporcionan sus actividades empresariales con el Estado. De esta manera, los linderos entre prácticas estatales y no estatales, políticas y empresariales, se funden en la vida de estos personajes, quienes utilizan el aparato estatal y su funcionamiento errático como una plataforma para emprender sus negocios y proyectos políticos individuales.

En *Tajopampa*, por ejemplo, si retornamos por un momento a nuestra primera visita de campo, encontramos que el ilustre equipo de "perfileros" que gozaba del especial reconocimiento del MEF era en realidad una empresa local llamada *Rahnem*, la cual funcionaba paralelamente a la burocracia municipal. Uno de los propietarios de esta empresa resultó ser el antiguo gerente municipal de la primera de las dos gestiones del alcalde responsable de lograr el ciento por ciento de saneamiento y electrificación rural en su distrito.

Rahnem había obtenido las licitaciones de la mayoría de obras ejecutadas por esta municipalidad, y su labor no se limitaba a construir las obras, sino también a elaborar los perfiles que hacían posible obtener su financiamiento. De acuerdo con varias fuentes, entre ellas el padre de *Anthony* y *Piero* —que había propuesto varios proyectos de inversión a la municipalidad—, el jefe de la oficina de programación de inversiones de la municipalidad distrital de *Tajopampa*, encargado de declarar la viabilidad de los proyectos en el SNIP, ejercía sus funciones desde las oficinas de esta empresa.

En Huamanga, constatamos que el crecimiento de *Rahnem* había sido exponencial en tan solo un lustro. De la pequeña oficina de una sola habitación ubicada a media cuadra de la plaza de Armas de *Tajopampa*, la empresa había crecido hasta llegar a la capital ayacuchana, donde contaba con dos grandes edificios de modernas oficinas. Al momento de nuestra visita a sus instalaciones, la empresa estaba ejecutando proyectos de inversión pública en varios distritos de la región y había extendido sus operaciones hasta la región Apurímac. Además, se encontraba desarrollando su primer proyecto inmobiliario en Huamanga, diversificando de esta manera sus actividades hacia el sector exclusivamente privado.

De otro lado, el boyante desarrollo del mercado de "perfileros" y contratistas había llegado a las aulas. Siguiendo los consejos de *Anthony*, tras visitar las oficinas de *Rahnem* nos dirigimos a la Universidad Nacional de San Cristóbal de Huamanga (UNSCH). En dicha casa de estudios corroboramos que una de las principales aspiraciones de los estudiantes de economía, ingeniería y administración es convertirse en contratistas del Estado. Como producto de la demanda educativa, estas especialidades han incorporado los proyectos de inversión pública y materias afines entre los cursos ofrecidos en sus currículos.

Un grupo de estudiantes de economía con quienes tuvimos la oportunidad de conversar manifestaron entusiasmados haber iniciado sus prácticas preprofesionales en las empresas consultoras de algunos de sus profesores. Su objetivo en el largo plazo era desarrollar una carrera en el universo de los "perfileros" y contratistas hasta lograr la concesión de una obra millonaria, algo que parecía ser una señal inequívoca de realización personal y profesional.

Este horizonte de vida coincidía con la historia de *Piero*, quien de alguna manera se encontraba a la mitad del camino por alcanzar este logro. Su caso, sin embargo, era algo particular, pues se trataba de una empresa familiar que compartía con su esposa. Su pequeña empresa consultora funcionaba en el espacio de su hogar y subcontrataba a jóvenes ingenieros y economistas de la UNSCH, según las especificidades del proyecto. Además, si bien ya habían logrado consolidarse como "perfileros", en poco tiempo apuntaban a formar una empresa formal de contratistas, pues es en la construcción de las obras donde se manejan los mayores presupuestos. El posicionamiento político de *Piero* era fundamental para los logros y el crecimiento de su empresa familiar en ese sentido.

Si buscamos contextualizar estas historias de vida, debemos recordar que Ayacucho es una región con uno de los índices de pobreza más altos en el ámbito nacional, y que a diferencia de otras regiones del Perú, no cuenta con recursos naturales abundantes como para llenar las arcas de sus gobiernos locales con fondos del canon. A esto se suma una historia marcada por las huellas imborrables de un conflicto armado que permanece reciente en la memoria, y que por lo tanto continúa reproduciendo fisuras profundas en el tejido social. En localidades como *Tajopampa* y *Desengaño*, el principal medio de subsistencia es la agricultura; sin embargo, las condiciones geográficas e infraestructurales no son las adecuadas para el desarrollo de una industria agrícola, sino apenas para el consumo local y el comercio de pequeña escala.

Como ya hemos descrito, las empinadas laderas de los cerros constituyen los terrenos más aptos para la agricultura, y el difícil acceso impide pensar en una producción a gran escala por las limitaciones para trasladar las cosechas hasta las vías conectadas con los mercados. Este era el caso específico de los cultivos de palta del padre de *Anthony* y *Piero*, quien tras repetidos trámites inútiles frente a autoridades de todos los niveles de gobierno había optado por desarrollar su propia infraestructura de riego tecnificado, aunque aún seguía a la espera de la construcción de vías que le permitieran sacar sus productos al mercado. Ni siquiera el cargo de su hijo como asesor de la municipalidad provincial le había valido para conseguir el desarrollo de la infraestructura necesaria para lograr un mejor aprovechamiento de sus tierras.

De otro lado, el proyecto de infraestructura hídrica de *Desengaño*, localidad de similares características geográficas a las de *Tajopampa*, fue diseñado únicamente para trasladar el agua desde la bocatoma a lo largo de la vía, y, por lo tanto, no prevé la circulación del agua desde los caminos hasta las chacras. Por lo mismo, aun cuando culmine la obra con el apoyo de la comunidad, el acceso al riego tecnificado probablemente seguirá dependiendo de la posterior iniciativa comunal y privada o de la elaboración de un nuevo proyecto de inversión pública diseñado exclusivamente para esos fines.

En condiciones como las expuestas, las posibilidades de desarrollo productivo resultan muy reducidas para los habitantes de esta región, por lo que el despliegue infraestructural del Estado, a través de la operación de proyectos de inversión pública, se convierte en uno de los principales dinamizadores de la economía local. En Ayacucho, alrededor de las obras de infraestructura pública se ha desarrollado un mercado de "independientes", que dependen de sus posiciones y redes en el ámbito de la burocracia estatal para desarrollar proyectos.

Así, si el sector público aún no cuenta con un sistema de carrera pública formalmente consolidado, la evidencia recogida en esta región da cuenta de una suerte de ruta de desarrollo de las carreras de los emprendedores del Estado. Ascender en la escala de los montos contratados con el Estado depende, por un lado, de la experiencia documentada que puedan demostrar los candidatos en el ámbito "formal", y por el otro, de la consolidación de sus redes de contactos y el estatus que pueden ir obteniendo en la burocracia estatal en distintos momentos y cargos.

En ese sentido, podemos esbozar un esquema progresivo que se inicia con las prácticas preprofesionales en empresas consultoras (los estudiantes y recién egresados de la UNSCH), continúa con la elaboración de perfiles pequeños y medianos (*Piero* o los profesores de la UNSCH) y se consolida en la licitación de obras millonarias de infraestructura pública (*Rahnem*). Evidentemente, este esquema tiene múltiples variantes y vaivenes, dependiendo del cargo que se ocupe en determinado momento y de los montos que se manejen.

Lo importante de todo esto es resaltar que si el desarrollo de estos proyectos es posible por el funcionamiento errático de la burocracia estatal, también la operación de la burocracia estatal en el ámbito local es posible por la resignificación de los procesos formales que hacen estos personajes. Es decir, el emprendimiento y el sistema económico de diseño compartimentado coexisten y se coproducen en el territorio ayacuchano. De esta manera, encontramos que con el despliegue estatal a través de la nueva gerencia pública, se reproducen en el territorio proyectos de vida marcados por el emprendimiento individual, el máximo aprovechamiento de los recursos (del Estado), la competencia y, sobre todo, el repliegue de las actividades del Estado.

Cerrando el círculo de una burocracia de estilo neoliberal, en un esquema compartimentado las entidades adoptan los mismos principios individualistas que los emprendedores. Así, los fondos concursables, como Mi Riego, FONIPREL y el FONIE, forman parte de un sistema de priorización del gasto en el que las entidades compiten por acceder a recursos limitados centralizados en el MEF, lo que a su vez consolida el poder de esta entidad como guardiana del modelo económico neoliberal. Desde luego, las condiciones de la competencia no son las mismas para todas las entidades, ya que, por ejemplo, municipalidades como *Tajopampa* no cuentan con la mismas capacidades operativas y de capital humano que las municipalidades que reciben canon o que, por encontrarse en ámbitos urbanos, obtienen más recursos recaudados directamente de los tributos.

En ese contexto, el trabajo de los "perfileros" puede equilibrar la balanza del acceso a los recursos mediante su rol como operadores políticos, y al mismo tiempo replegar el ámbito de acción exclusivo del Estado mientras lo logran desarrollando sus empresas. Si bien el SNIP es uno de los sistemas administrativos más y mejor regulados, las posibilidades de control de sus procesos resultan limitadas por las técnicas utilizadas por un Estado replegado y con poca fortaleza organizacional en el territorio. Por lo mismo, las acciones que hacen posible el despliegue del dinero estatal concretado en obras de infraestructura son adaptaciones locales a los procesos y normas que rigen desde el Gobierno nacional.

Para que este tipo de prácticas se vuelvan cotidianas en las operaciones del Estado resultan determinantes las posibilidades de transgredir las estructuras que compartimentan la burocracia, pero igualmente las estrategias de resignificación de las reglas y procesos para que estas transgresiones se operativicen a través de esta. Por eso, el despliegue del Estado viene acompañado de su propio debilitamiento operativo sobre los procesos que implementa, a costa del protagonismo de actores que consolidan mecanismos de operación idóneos para el libre desarrollo de sus proyectos. Entonces, su despliegue territorial se constituye en el repliegue de sus operaciones funcionales.

Dicho de otra manera, la paradoja se consuma cuando es precisamente en la pérdida de terreno frente a los emprendedores donde es posible el despliegue de la burocracia del Estado en el territorio y, por lo tanto, su producción a través de los discursos, representaciones y prácticas socioculturales del día a día. De este modo, la conjunción de múltiples roles en determinados individuos, como los "perfileros", es sustancial para originar una burocracia estatal de corte neoliberal, tanto en sus formas de operación como en los efectos que produce en el territorio y el desarrollo económico de los individuos.

En la siguiente sección volveremos a nuestra segunda visita a Ayacucho, tras los pasos de *Piero*, pero esta vez en *Nogaltambo*, donde se desempeñaba como gerente de Desarrollo Social de la municipalidad provincial. A través de él logramos ingresar a la Gerencia de Infraestructura, donde conocimos en sus funciones a nuevos personajes que nos permiten profundizar las historias de vida, estrategias y prácticas cotidianas alrededor del SNIP.

Ilustración 1

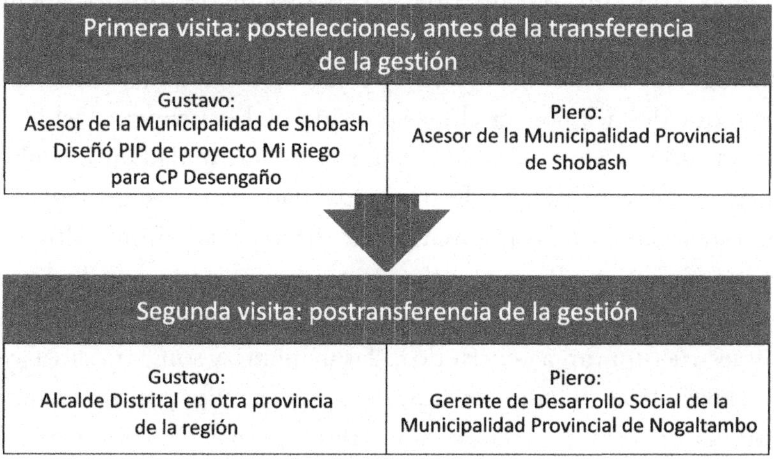

La burocracia infraestructural del Estado

Partimos de Huamanga la madrugada de un lunes con dirección a *Nogaltambo*. Durante el viaje de aproximadamente tres horas, el equipo de la Gerencia de Desarrollo Social conversa sobre la labor que debía asumir en la próxima organización del carnaval *nogaltambino*. Debatían sobre la ubicación del estrado que acogería el evento central, para el que habían conseguido a una reconocida banda ayacuchana. *Piero* insistió en que el concierto debía de ser en el parque (la plaza) y no en el estadio, ya que esta actividad haría visible a una gestión entrante que "necesita que la gente vea que están haciendo algo diferente".

El distrito de *Nogaltambo*, capital de la provincia del mismo nombre, concentra a la mayoría de la población que históricamente ha conformado la élite política y económica de la provincia. Sin embargo, los dos últimos alcaldes provenían de *Parcash*, distrito contiguo que destaca por ser el más poblado de la provincia. Debido a esto, siendo el nuevo alcalde *nogaltambino*, la rivalidad entre ambos distritos se acentuaba en la municipalidad, ya que gran parte de los funcionarios eran originarios de *Parcash*. Las últimas dos gestiones, manifestó *Piero*, "[...] han sido de un alcalde de *Parcash* y hay necesidad de congraciarse con los de *Nogaltambo*. Las obras de infraestructura van a ocurrir de todas maneras, y son para satisfacer las expectativas de la población, pero para la élite política es necesario hacer cosas distintas, como darles cerveza y contribuir para la celebración del carnaval".

Minutos antes de las siete de la mañana llegamos a nuestro destino. *Nogaltambo* es un distrito muy pequeño que, a pesar de ubicarse en un valle cálido al borde del río, no daba señales de un desarrollo agropecuario próspero. A esa hora, la escasa actividad en sus calles era casi exclusiva de los trabajadores de la municipalidad, quienes desde muy temprano ingresaban al palacio municipal de tres pisos que contrasta con el resto de inmuebles que completan el paisaje semiurbano de la plaza y sus calles aledañas. *Piero* entra a su oficina y, tras ubicarse en su escritorio, enciende la computadora para revisar un perfil recientemente elaborado por su equipo de consultoría privada en Huamanga. Una vez que este pase su revisión, será apropiado por la Gerencia de Desarrollo Social que él mismo dirige.

El proyecto en cuestión desarrollaba todos los componentes de un perfil. Tenía un problema claramente identificado con indicadores: el bajo índice de vecinos de *Nogaltambo* que ingresan a la Universidad Nacional de San Cristóbal de Huamanga y el alto porcentaje de alumnos que reprueban el año en el nivel escolar secundario. El objetivo principal: la generación de capacidades en jóvenes preuniversitarios. Las actividades, todas desarrolladas alrededor de la implementación de espacios para fortalecer la educación secundaria y preuniversitaria. La más significativa, la creación de una academia preuniversitaria para *nogaltambinos*. La particularidad de esta academia consistía en que su instalación estaba prevista en Huamanga, ya que, por las características viales de la provincia, ese lugar resultaba el más céntrico para albergar a los estudiantes de todos los distritos de *Nogaltambo*. No en vano los funcionarios con quienes compartimos la ruta también vivían en Huamanga.

Según el gerente de Desarrollo Social, en condiciones óptimas el proyecto integral debía contar con un presupuesto de casi dos millones de soles para los cuatro años de gestión. Sin embargo, el presupuesto total de la municipalidad para el año en curso era de seis millones de soles, por lo que el monto había sido ajustado en la reunión de gerentes a 800.000 soles. "Con esto no se lograrán resolver los problemas identificados, pero se paliarán algunas de las necesidades más urgentes", dijo *Piero*. No obstante esto, el proyecto original es incorporado al perfil como la segunda alternativa económica, la cual será desechada de plano por su elevado presupuesto, pero sirve para completar el requisito de presentar más de una alternativa económica en los formatos del SNIP y elegir la de menor monto, en este caso, la de 800.000 soles.

Como esta, alrededor de las prácticas documentarias del SNIP existen múltiples estrategias de consignación de datos. Muchas veces la información ingresada en los perfiles es obtenida de otros proyectos, ya que se refiere al contexto o perfil sociodemográfico de la localidad, el cual se repite para todos los proyectos de un mismo distrito. Además, parte de esta información es solo referencial, y se mejorará al momento de la implementación del proyecto, cuando se elaboren los detalles en el expediente técnico.

La copia sistemática de contenidos emerge como una respuesta pragmática a la premura con la que se elaboran los perfiles para los diversos propósitos que hemos señalado en las secciones anteriores. A fin de cuentas, independientemente del contenido de la información, lo principal es llenar las casillas consignando lo exigido para avanzar con los procesos y lograr la viabilidad del proyecto para posteriormente ir a la búsqueda de un presupuesto para su ejecución. Ante los ojos del MEF, el cumplimiento de los procedimientos y el llenado de las casillas revisten a los proyectos de una estética racional en la que se conjugan la transparencia y la eficiencia económica, lo que en última instancia garantizaría su calidad.

Las prácticas realizadas por los funcionarios construyen la representación de esta estética, aun cuando la información consignada es determinante no por su significado para el proyecto en cuestión, sino por su aparición en los documentos en función de garantizar que se están ejecutando los procesos. En ese sentido, mediante los procesos del SNIP y sus formatos se producen *performances* que pueden ser auditadas; no obstante, la estética resulta tan artificial como efímera, ya que en la práctica los sucesos reales no necesariamente adoptan el mismo significado que los procesos que se pueden auditar.

Por ejemplo, habiendo sido discutido en la reunión de gerentes, el proyecto educativo de *Piero* era del tipo "de los que se hacen", y por su bajo monto sería cargado al presupuesto municipal. Las especificaciones técnicas del perfil se habían ajustado a un monto determinado, no por las exigencias del proyecto, ni porque este monto lo hiciera más eficiente, sino por las negociaciones entre los gerentes de la municipalidad; uno de ellos, *Piero*, especialmente interesado en su ejecución. Tal vez una retribución a su trabajo durante la campaña para su agrupación política, pero definitivamente un paso más en el crecimiento de su empresa consultora independiente y su economía familiar.

Continuando con la ruta del SNIP y sus procesos, fuimos en busca de la unidad formuladora de la municipalidad. A pesar de la cercanía de *Piero* con el alcalde y de las gestiones que había realizado para permitir nuestra presencia en el municipio, fue necesario ingresar por la vía formal en la mesa de partes un oficio dirigido al gerente municipal para obtener la autorización de entrar en contacto con esta. Con la copia del trámite documentario en mano, *Piero* convocó a *Robert*, el responsable de la unidad formuladora. No obstante la constancia documentaria y la indicación de *Piero* de que existía la autorización expresa del alcalde de permitir nuestro trabajo en la municipalidad, *Robert* señaló que esperaría que el oficio le fuera derivado por los canales formales o que, en su defecto, le llegara un memorando con indicaciones antes de permitir nuestro ingreso a su despacho.

Los motivos de la actitud esquiva de *Robert* se fueron decantando conforme seguimos el trámite documentario, y serían la evidencia inequívoca de la asociación casi indivisible que existe entre los proyectos de inversión pública y el desarrollo de infraestructura. Dicho en otras palabras, de la misma manera que en la gran magnitud de su despliegue, el Estado peruano, en los últimos años, ha restringido el concepto de desarrollo casi exclusivamente a la construcción de infraestructura, ocultando de esta forma el desarrollo humano, no solamente en sus objetivos y prioridades, sino también en su estructura y operación.

El escritorio de *Robert* se ubica en la oficina de la Gerencia de Infraestructura. Cuando nos acercamos más tarde a verificar si ya le había sido derivada la solicitud formal, el gerente de esta dependencia nos citó a su despacho para indicarnos que debíamos retirarnos, pues él no había autorizado nuestra presencia. Siendo los primeros días de la gestión municipal entrante, los nuevos funcionarios aún se estaban acomodando en las instalaciones de la municipalidad. Anteriormente, los órganos del SNIP operaban desde una oficina de enlace en Huamanga, y la nueva gestión había instalado la conexión a internet recientemente para permitir que los responsables de la oficina de programación de inversiones y la unidad formuladora se trasladaran al palacio municipal, junto con el resto de funcionarios.

Como parte de este proceso de reorganización, el escritorio de *Robert* había sido ubicado en la Gerencia de Infraestructura. Para nuestra sorpresa, y también la de *Piero* y *Robert*, esto no obedecía únicamente a un aprovechamiento del espacio, sino a que, formalmente, según el organigrama municipal, tanto él en su rol de unidad formuladora como el jefe de la oficina de programación de inversiones desempeñaban sus funciones bajo el mando del gerente de Infraestructura. Por nuestro desconocimiento, al acudir directamente a *Robert* habíamos transgredido la jerarquía organizativa de la municipalidad, lo que había causado la molestia y desconfianza del gerente.

En la experiencia de *Piero* y *Robert*, quien en su anterior cargo había sido jefe de la oficina de programación de inversiones de otra municipalidad ayacuchana, normalmente los órganos que componen el SNIP gozan de cierto grado de autonomía funcional respecto de las gerencias. Esto tiene sentido en tanto estas oficinas deben gestionar los proyectos de inversión pública no solo de la Gerencia de Infraestructura, sino también de las gerencias de Desarrollo Social y de Desarrollo Económico Local.

Cuando constatamos que efectivamente en el organigrama de la municipalidad de *Nogaltambo* estas oficinas dependían de la Gerencia de Infraestructura, *Piero* denotó preocupación, pues esto significaba que el trámite formal de su proyecto educativo debía iniciarse con la derivación documentaria al gerente de Infraestructura, quien luego debía derivarlo a la unidad formuladora como órgano dependiente de su oficina. Es decir, aumentaban las fases del proceso y los actores involucrados en el trámite documentario formal de su proyecto. Por lo tanto, también se incrementaban las probabilidades de que surgieran cuestionamientos en el proceso.

El sentido infraestructural de la estructura orgánica de la municipalidad respecto de los proyectos de inversión pública es un reflejo de cómo se ha desplegado en el territorio la burocracia del Estado. Con el crecimiento económico sostenido de las últimas décadas y su evidente dependencia de las industrias extractivas, el proceso de descentralización ha estado signado por la creciente transferencia de funciones y competencias a los gobiernos locales, y por el potente incremento de recursos recibidos bajo la modalidad del canon.

Sin embargo, debido a los mecanismos de control del gasto municipal dictados por el Gobierno nacional, existe un importante desencuentro entre las competencias funcionales asumidas por las municipalidades y las competencias sobre las cuales se puede ejecutar el dinero proveniente del canon (Cáceres y Rojas 2013);

principalmente, debido a que los gobiernos locales están habilitados para utilizar el canon casi exclusivamente en el desarrollo de proyectos de infraestructura, aunque el sistema se flexibilizó tímidamente en los últimos años.

Como consecuencia de esto, la proporción de recursos que se han invertido en el fortalecimiento de competencias y desarrollo humano es significativamente baja, quedando este tema prácticamente ocultado, tal y como ha quedado sellado en el organigrama de la Municipalidad de *Nogaltambo*. Así, la mirada estrecha y compartimentada del Estado propicia una intervención desarticulada del despliegue de sus actividades en el territorio, produciendo el desarrollo desequilibrado entre infraestructura y desarrollo humano. La clave detrás de todo esto es el principio de priorización aplicado a la infraestructura, en tanto el resultado es materialmente tangible y, por lo tanto, fácilmente sujeto a auditoría.

Volviendo a nuestra visita, gracias a una nueva intervención de *Piero* fue posible superar el malentendido con el gerente de Infraestructura e ingresar a su sección. Llegando desde el corredor del segundo piso, cuando se entra a la oficina, a la mano derecha inmediatamente se encuentra la puerta del despacho privado del gerente. A la mano izquierda, junto a la pared mirando hacia el centro se ubica *Karen*, la secretaria, quien además era la única mujer en toda la Gerencia. Más a su izquierda, también en la misma posición, se aprecia un escritorio que pasaba la mayor parte del tiempo vacío, pero que en algunas ocasiones era ocupado por *Yuri*, el jefe de la oficina de programación de inversiones, y otras veces por *Marlon*, uno de los ingenieros que pasaba más tiempo supervisando las obras en campo. Frente a *Karen*, al otro lado de la oficina, y también dirigiendo la vista hacia el centro, se encontraba el escritorio de *Robert*.

En el medio de la oficina, al estilo de un aula escolar, y con la vista dirigida hacia el despacho del gerente, se despliegan seis escritorios. Cuatro de ellos son ocupados por *Sergio, Ángel, Walter* y *Bruce*, todos ingenieros de corta edad que han llegado juntos a la municipalidad. Uno de los dos escritorios restantes estaba vacío y el otro es ocupado por *Hugo*, un ingeniero más experimentado que realiza labores de campo también con bastante frecuencia.

Las dinámicas en esta oficina son mínimas y monótonas. Lo primero que llama la atención entre los funcionarios es que interactúan casi exclusivamente con sus computadoras, trabajando en los planos de ingeniería de los proyectos de inversión pública con la ayuda de un *software* obtenido en el mercado informal. A excepción de *Robert*, el equipo de la Gerencia de Infraestructura no cuenta con conexión a internet en sus computadoras, por lo que el eventual intercambio de archivos electrónicos les obliga a levantarse esporádicamente de sus asientos para transportar información de una computadora a otra en su memoria USB portátil. Esta interacción "obligada" pasa inadvertida, ya que no constituye un quiebre en la monotonía del lugar ni mucho menos del silencio que ahí impera. Consiste únicamente en un breve y difícilmente registrable intercambio de palabras.

No obstante esto, con el paso de los días la observación permitió identificar algunos patrones sistemáticos, en los que comenzaron a destacar algunas rupturas mínimas que se diferenciaban del resto de interacciones interpersonales. Específicamente, los roles de *Robert* como encargado de la unidad formuladora y de *Yuri* como jefe de la oficina de programación de inversiones se iban definiendo en la medida que sobresalían por la movilidad de sus ubicaciones y por la frecuencia de sus comunicaciones.

Yuri utilizaba su computadora portátil personal porque cada día cambiaba de ubicación entre su propio escritorio, la silla que se ubica al lado del escritorio de *Robert* y la oficina del gerente de Infraestructura. Por su parte, además del intercambio constante con

Yuri, *Robert*, como responsable de la unidad formuladora, utilizaba frecuentemente su propio teléfono celular para recibir indicaciones de los sectoristas del MEF sobre los procedimientos a seguir en la plataforma del SNIP, lo que le obligaba a dejar la oficina permanentemente en busca de un lugar con mejor recepción de la señal telefónica.

El trabajo entre ambos funcionarios era estrechamente coordinado, por lo que no existía una separación real entre el trabajo de la unidad formuladora y el de la oficina de programación de inversiones, la cual debía evaluar la calidad de los proyectos elaborados por la primera. El inicio de la gestión resultó ser un momento ideal para observar las prácticas documentarias a través de las cuales la fusión de estos órganos se reforzaba, ya que permitió constatar los límites de los sistemas administrativos para hacer legibles procesos locales de gestión.

Prácticas documentarias y los ensambles (in)materiales de la burocracia

Yuri y *Robert* trabajaban en un proyecto de infraestructura hídrica heredado de la gestión anterior. Se trataba de un proyecto que ellos encontraron ya ingresado en el Banco de Proyectos del SNIP, pero que sin embargo no contaba con el *file* con los planos y demás archivos físicos que debían dar sustento material al perfil hallado en la plataforma virtual. Los responsables de la unidad formuladora de la gestión anterior se habían llevado consigo el expediente, y por lo tanto el inicio de su ejecución se hacía imposible.

Toda la información con la que contaban los funcionarios era aquella consignada en el Banco de Proyectos, que en este caso se limitaba al resumen contenido en el perfil. Adicionalmente, el sistema registraba la constancia de que se habían ingresado los términos de referencia que dieron pie a la elaboración del perfil y el informe interno de la municipalidad que aprobaba dichos términos. No obstante esto, las restricciones del sistema informático no les permitían acceder a estos dos documentos hasta que el perfil fuera declarado viable.

Debido a la inexistencia del *file* físico con los estudios y planos respectivos, era imposible declarar la viabilidad del proyecto, por lo que se hizo necesario reformularlo. Sin embargo, esto no implicaba cancelarlo y crear uno nuevo, ya que, según *Robert*, esto haría que obligatoriamente fuera ejecutado el siguiente año. Por el contrario, como ya se había generado el código SNIP, el cual según *Robert* es como el DNI de los proyectos, era posible aprovechar esta singular "existencia" y simplemente reemplazar los documentos existentes en la plataforma por otros ajustados al nuevo emprendimiento.

En esa línea, *Robert* venía solicitando insistentemente la asistencia técnica y autorización del MEF para "darle de baja" en el sistema a los documentos ya ingresados por la gestión anterior, lo que le permitiría luego ingresar el proyecto reformulado. La "baja" de los documentos únicamente podía ser realizada desde Lima, por lo que luego de cada llamada debía volver a su asiento a verificar si es que estos ya habían sido retirados del sistema, tarea sumamente tediosa con conexiones de internet y teléfono defectuosas.

Paralelamente, *Robert* venía trabajando en la elaboración de los términos de referencia para el consultor encargado de diseñar el nuevo perfil que iba a dar sustento a este proyecto. Asimismo, *Yuri* y los ingenieros del equipo ya trabajaban en el expediente técnico de la obra sobre la base del perfil inicial. Es decir, la Gerencia se estaba adelantando a la fase de ejecución del proyecto, desarrollando sus especificaciones técnicas sin contar aún con su aprobación formal por la oficina de programación de inversiones y ni siquiera con el perfil que finalmente iba a ser aprobado.

Muy probablemente, el consultor encargado de elaborar el perfil tendría que ajustar su producto a lo que estaban haciendo los ingenieros en el expediente técnico. Por lo tanto, el orden de los procesos se había reconfigurado, haciendo que la creación del nuevo perfil, los términos de referencia para su elaboración y el informe de gerencia que los aprobaría fueran simultáneos y concordaran con la elaboración del expediente técnico. La secuencia del SNIP se sintetizaba en favor de la celeridad del proyecto.

Las acciones realizadas por los funcionarios de la Municipalidad de *Nogaltambo* en la plataforma del SNIP adquieren sentido formal en la secuencia en la cual se registra la fecha de ingreso de los documentos a ese Sistema, aparentando un orden lógico. Es decir, cuando se hacen legibles para el Estado siguiendo un orden progresivo y que se puede auditar, independientemente de que su elaboración en gabinete sea simultánea, o incluso inversa, y de que las acciones que producen atiendan a un orden temporal propio; aun cuando esto era algo que seguramente sabían los sectoristas del MEF con quienes se comunicaba *Robert*.

Aunque estas prácticas calificarían convencionalmente de irregulares, en la realidad no son ajenas a los procesos formales en tanto los hacen posibles. Es decir, la información que ingresa a la plataforma del SNIP, y que finalmente es auditada, resulta legible en tanto es producida y registrada como resultado de una serie de hechos que incluyen tanto las actividades del equipo de la Gerencia como las demás prácticas de los "perfileros" vistas en las secciones anteriores de este capítulo. Al mismo tiempo, la materialización de las prácticas locales en obras es posible también en tanto se ensamblan con los sistemas administrativos a través de la plataforma del SNIP.

Siguiendo a Latour, Hull (2012: 167) logra operativizar la metáfora de la visión de túnel (sinóptica) propuesta por Scott. En su etnografía sobre la burocracia pakistaní, cuando describe los procesos documentarios detrás de la expropiación de predios que conllevó a la construcción de Islamabad, demuestra cómo los "[...] sistemas estatales modernos [como, por ejemplo, el SNIP] son igualmente dependientes en todos lados de la articulación de prácticas locales" (traducción propia).

Como vimos en el caso del proyecto hídrico *Desengaño-Santa Clara*, que era del tipo "de los que no se hacen", el ensamble de estas secuencias muchas veces se debe más a la contingencia hecha posible por una estructura compartimentada que a la operación articulada del Estado. Por lo tanto, como bien señala Gupta (2012), el despliegue errático del Estado se desencadena en la "producción sistemática de resultados arbitrarios", en la medida en que la materialización de su despliegue en obras no necesariamente atiende a los planes, proyectos o prioridades que se dictan desde los discursos de orden técnico y "racional", sino al resultado de los efectos originados por la coproducción de los sistemas administrativos modernos y las prácticas locales de gestión.

En todo este proceso, la plataforma digital del Banco de Proyectos del SNIP se convierte en la principal mediadora entre las prácticas locales de gestión y los sistemas estatales modernos de auditoría. La plataforma digital permite lograr una importante dualidad en los proyectos de inversión pública, los cuales existen y permanecen inmaterialmente en ella, a la vez que pueden ser inexistentes o existentes materialmente. De este modo, las interacciones entre los tecnócratas detrás del diseño e implementación del SNIP y los burócratas que lo operan en la municipalidad son posibles por los artefactos gráficos y medios digitales del sistema administrativo. Es precisamente la dualidad (in)material de los proyectos de inversión pública la que permite la coproducción de dinámicas locales con el despliegue del SNIP.

Esta coproducción, sin embargo, no está exenta de relaciones de poder y significado sobre la manera como se despliega el Estado en el territorio. Las *performances* de *Yuri* y *Robert*, a fin de cuentas, se configuran en una lógica que puede ser auditada en el marco de este sistema administrativo. Esto se observa cuando la falta de documentos materiales obliga a *Robert* a transgredir la intermediación del Banco de Proyectos. Esto implicó acudir directamente a los sectoristas del MEF y solicitar la baja de los documentos digitales ingresados por la gestión anterior, acción que solo podía ser realizada desde Lima. Es decir, la falta de los documentos materiales limitó su agencia en el marco del sistema administrativo, en tanto la ejecución del proyecto, y todas las dinámicas comerciales que ello desencadena, dependen ahora de acciones que solo pueden realizar los sectoristas.

Así, a la clásica relación diádica de gobernante-gobernado, compuesta en este caso por los tecnócratas del MEF que implementan el SNIP vía telefónica, por un lado, y los burócratas locales que lo operan, por el otro, se suma el SNIP como un tercer agente de auditoría (Peters 2011). En esta configuración tríadica se producen, en la generación de las *performances* aptas para ser auditadas de *Yuri* y *Robert*, agentes de gobierno que personifican el Estado en el ámbito local.

Finalmente, como muestran los casos descritos, el despliegue del Estado a través de los proyectos de inversión pública se hace en las múltiples versiones que pueden surgir del ensamble de prácticas documentarias y socioculturales, como los proyectos “que se van a hacer” y los “que no se van a hacer”. Por eso, las intervenciones en el territorio pueden surgir tanto por iniciativas impulsadas desde lo más local como desde lo nacional, y muchas veces están sujetas a las contingencias que se derivan de la arquitectura compartimentada de la burocracia estatal, la cual aparenta una estética racional que implosiona por las propias prácticas que produce.

Desarrollo infraestructural y desarrollo humano

Fuera de la municipalidad, la vida de los funcionarios de la Gerencia de Infraestructura no era muy distinta a la monotonía de su oficina. Ninguno de ellos era *nogaltambino*. *Yuri* y *Robert* provenían de Huamanga, y los cuatro ingenieros –*Sergio, Ángel, Walter* y *Bruce*– eran oriundos de Apurímac. Todos alquilaban cuartos y algunos fines de semana viajaban a Huamanga en búsqueda de más movimiento. Mientras estaban en *Nogaltambo*, a falta de otro tipo de actividades o entretenimiento, dedicaban la mayor parte de su tiempo a trabajar. Ingresaban muy temprano a la municipalidad y salían de noche, después que todas las demás oficinas.

Esta rutina era interrumpida únicamente por el almuerzo y la cena, momentos en que acudían al único restaurante abierto para esos propósitos a media cuadra de la municipalidad, o por eventuales partidos de fulbito una o dos noches por semana. Como agentes externos a *Nogaltambo*, su escasa movilidad en ese lugar durante los días de semana contrastaba con las distancias y la cantidad de lugares que habían recorrido para llegar ahí a instalarse en sus funciones.

En el marco de los proyectos de inversión pública, donde las posibilidades de desarrollo individual están directamente asociadas al fortalecimiento de redes en el sector público-político, la movilidad de estos personajes resulta fundamental para la operación del Estado. Así, mientras que desde la tecnocracia encontramos que la burocracia se arma a partir del ensamble de una serie de artefactos gráficos sustentados en discursos técnico-"racionales", desde la gestión pública local la burocracia es el producto de prácticas individuales que se dan en el marco de redes político-empresariales, donde se resignifican los artefactos gráficos para lograr una articulación con los sistemas administrativos, aunque la mayoría de veces los resultados sean erráticos.

El estilo de vida del equipo de la Gerencia de Infraestructura contrastaba significativamente con el dinamismo de la Gerencia de Desarrollo Social liderada por *Piero*. Lejos de la monotonía, esta destacaba por la constante interacción con los ciudadanos de la provincia, quienes hacían llegar sus demandas directamente al gerente en su oficina. Siendo época de carnaval, la mayoría de solicitudes buscaban el auspicio de la municipalidad para las fiestas comunales. Otro buen grupo estaba conformado por adultos mayores que entraban a la Gerencia de Desarrollo solicitando su inclusión en el padrón de beneficiarios de los programas sociales del MIDIS, específicamente el de Pensión 65.

Si la movilidad de los cuatro ingenieros de la Gerencia de Infraestructura se limitaba a la municipalidad, el restaurante y sus habitaciones, el equipo de la Gerencia de Desarrollo se caracterizaba por sus constantes salidas al campo para visitar a las comunidades de la zona, y mucho tenía que ver en ello el hecho de que la mayoría eran *nogaltambinos*, aunque quienes lideraban la gerencia provenían de Huamanga. Parte de su labor era distribuir las donaciones de la municipalidad a las fiestas de carnaval de las comunidades, lo que incluía participar de ellas en representación del alcalde.

Sin embargo, si las dinámicas en ambas gerencias diferían, los procesos burocráticos eran muy similares en su forma de aclimatarse a los designios de la tecnocracia. Las donaciones se daban en forma de abarrotes o cerveza, los cuales eran comprados a distintos proveedores que habían aportado a la campaña electoral del actual alcalde. Los procedimientos mediante los cuales se gestionaban las compras de estas donaciones eran en cierta medida similares a los procesos descritos para los proyectos de inversión pública. Particularmente, la compra de cajas de cerveza se registraba formalmente como si fuera una compra de sacos de arroz, ya que las normas del Estado impiden la utilización de recursos públicos para adquirir bebidas alcohólicas.

Asimismo, si el despliegue de infraestructura alimenta el desarrollo de emprendimientos individuales mediante el pago de favores de campaña, de manera parecida las actividades de la Gerencia de Desarrollo Social se ajustan no tanto a las prioridades identificadas en los discursos técnico-desarrollistas, sino más bien al mantenimiento de alianzas políticas locales. Algo similar ocurría con los programas sociales, pues el acceso a Pensión 65 parecía estar determinado no por las especificaciones técnicas y algoritmos matemáticos alrededor de las categorías de pobreza y pobreza extrema, sino más bien por la atención a demandas particulares que llegaban a la Gerencia.

Durante nuestra visita, tanto el equipo de la Gerencia como el funcionario del Sistema Nacional de Focalización de Hogares (SISFOH) que había llegado a brindar asistencia técnica indicaban a los solicitantes que dejaran su declaración jurada firmada donde manifestaban su situación de pobreza extrema. Si ellos no figuraban en ese momento en el padrón de beneficiarios, los funcionarios se encargarían pronto de realizar su recategorización. La firma anticipada de la declaración jurada, entonces, se hacía para acelerar procesos y evitar que los futuros beneficiarios tuvieran que viajar a la municipalidad nuevamente luego de recibir la recategorización. Es decir, la declaración jurada era una constancia de que el ciudadano recibiría los beneficios, lo que hace pensar que la recategorización estaba lejos de ser puramente "técnica".

3

Conclusiones: el efecto Estado y la desestatización de sus funciones

Partimos del planteamiento sobre el Estado que utiliza la antropología, y en lugar de preguntarnos por las condiciones que permiten la estabilidad de la democracia o la consolidación de las instituciones en función de ella, nos hemos preguntado cómo se produce y se despliega en el territorio el Estado peruano. A partir de ello, nos hemos concentrado en las interacciones cotidianas de aquellos actores que lo personifican localmente en el día a día de sus actividades. De esta manera, a través de sus proyectos hemos revelado diversas imbricaciones entre lo público y lo privado, y lo fundamental que es esto para permitir la operación y consecuente construcción del Estado.

Si bien es una debilidad de este trabajo no profundizar sobre las actividades de los tecnócratas en los mismos términos, ejercicio que hubiera robustecido el análisis, se han visto las técnicas que utilizan en sus formas de gobierno —y las del neoliberalismo—, y cómo a través de ellas interactúan con los burócratas locales. Sin embargo, podemos entender mucho mejor el universo de los tecnócratas a partir del análisis que realiza Álvaro Grompone en el estudio que compone la otra mitad de este libro.

Como ya hemos descrito, para Scott (1998) los Estados tienen la necesidad de hacer legible a la sociedad para poder gobernarla.

En este proceso, excluyen de su ámbito de visión aquellas prácticas que se consideran informales, ya que no se pueden capturar en datos o no resultan utilitarias para sus esquemas planificados de gobierno. Es precisamente a esta legibilidad reduccionista y excluyente a la que Scott denomina la "visión de túnel del Estado". Trasladamos este concepto a la manera como el Estado hace legibles las actividades de sus entidades de gobierno y analizamos sus efectos en tres dimensiones: la forma como las reduce a indicadores, las implicancias que esto tiene sobre sus procesos y cómo crea la estética de una arquitectura racional, lo que produce un despliegue compartimentado.

En primer lugar, a partir de las técnicas de gestión neoliberales, el paradigma de la nueva gerencia pública ha reproducido el sistema de auditorías de las empresas a través de instrumentos de gestión que hacen posible controlar, comparar y evaluar la *performance* de las entidades públicas. El efecto sobre ellas es el mismo que describe Scott para la sociedad, pues hemos visto cómo en el caso de *Tajompampa* el tecnócrata del MEF reduce la gestión del joven alcalde al indicador del ciento por ciento de electrificación y saneamiento rural. Esta evaluación exitosa oculta en este indicador las prácticas públicas y privadas que hemos descrito, las cuales son sustanciales para las obras que lo han hecho posible, pero no son registradas en la medida en que no son utilitarias desde el punto de vista económico del Estado. Entre ellas, no obstante el importante hecho de que la mayoría de letrinas cumplían una función ornamental, contribuían a alcanzar ese ciento por ciento.

Como producto de esta simplificación, una segunda consecuencia es que el despliegue de las auditorías se limita únicamente a verificar los procedimientos que le son legibles ("formales"), y no los sucesos reales provocados por las acciones cotidianas del Estado ("informales"). Esta es la única forma que tiene para reproducirse frente a una variedad tan amplia de entidades. Por lo tanto, al final del día los procesos burocráticos formales resultan ser rituales de verificación de órdenes preestablecidos (Power 1997) por prácticas de gestión institucionalizadas en lo local.

Como hemos podido observar en los procesos del SNIP, las funciones de la unidad formuladora y de la oficina de programación de inversiones se fusionan permanentemente. Sin embargo, el Banco de Proyectos del SNIP continúa registrando aquellos elementos legibles que estéticamente dotan de racionalidad a los procesos. De igual manera, cuando un proyecto ingresa al SNIP, este es ciego ante la multiplicidad de prácticas emprendedoras que alteran a su favor los procesos y las reglas de juego establecidas. Pero a la vez estas prácticas son en parte el producto de la necesidad de cumplir con la estética racional que significa el SNIP.

Finalmente, como hemos descrito, la arquitectura de la burocracia estatal atiende a una estética compartimentada. Esta estética es el producto de la utilización de una serie de artefactos gráficos y de la construcción de discursos, ambos basados en principios y preceptos económicos aplicados a "racionalizar" el funcionamiento del Estado mediante la segmentación de sus actividades según sectores y niveles de gobierno. Sin embargo, esta estética implosiona en su operación en la medida en que la centralización de los recursos financieros propicia la concentración de poder en la entidad que los maneja discrecionalmente, el MEF. Esto incita la competencia entre las entidades por el acceso a ellos, y por lo tanto propicia la transgresión de su propia arquitectura y el consecuente desarrollo desigual de las entidades.

Volviendo a los ejercicios cotidianos de los burócratas locales, encontramos que la importancia de analizar sus prácticas documentarias no se restringe a la forma como se produce su articulación con las técnicas mediante las cuales se despliega el poder del Estado. En el caso de Ayacucho, si profundizamos sobre esto hallamos que los límites entre lo público y lo privado se difuminan, y por lo tanto el despliegue del Estado en el territorio produce iniciativas emprendedoras. De esta manera, agentes privados realizan funciones que convencionalmente atribuimos al Estado, reforzando el despliegue y consolidación del esquema de gobierno neoliberal y la consecuente desestatización de las funciones del Estado (Ferguson y Gupta 2002).

En Ayacucho, el despliegue errático del Estado, producido por una arquitectura estatal de estética compartimentada, es aprovechado por los "perfileros" para desarrollar sus proyectos. Alrededor de la elaboración de perfiles de proyectos de inversión pública, se monta una red de negociantes en la que los roles de funcionario público y consultor externo son permanentemente intercambiables, e incluso simultáneamente cumplidos, desmantelando las barreras entre el Estado y la sociedad; todo esto sobre la base de principios individualistas, emprendedores y competitivos.

Los procesos "formales" alrededor de la elaboración de perfiles de proyectos de inversión pública resultan instrumentales para este esquema y conviven con prácticas documentarias en la medida en que las permiten, pero en última instancia se coproducen con ellas en tanto los procesos formales también se concretan gracias a que estas prácticas permiten su fluidez con procesos socioculturales locales. Por lo tanto, los perfiles no se hacen únicamente para ejecutar proyectos de inversión pública, sino que pueden tener otros fines, como el pago de favores políticos. No obstante esto, hemos visto también que si bien el destino de los perfiles tiene un designio determinado de antemano, la mayoría de veces su ejecución es más el producto de la contingencia creada por las dinámicas de las redes político-empresariales locales, posibles por el despliegue errático de las técnicas estatales antes que un resultado lógico de los designios planificados por la tecnocracia "racional".

Por ello, tomando como referencia a Hull (2012: 167), podemos decir que la articulación de las prácticas locales de gestión con las tecnologías de despliegue del Estado no se debería tanto a un movimiento de lo concreto a lo abstracto. Más bien, obedecería al movimiento de un ensamble de prácticas particulares (proyectos individuales que forman redes político-emprendedoras) materializadas en documentos hacia un ensamble de artefactos gráficos estandarizados (instrumentos de gestión, planes, proyectos, etc.) con los que se construye discursivamente la estética "racional" del Estado. En este movimiento, se hace indispensable el SNIP como el mediador donde convergen las dimensiones material y discursiva del Estado.

En otras palabras, la plataforma del Banco de Proyectos del SNIP, al producir la inmaterialidad de los proyectos de inversión pública, aparece como la principal mediadora entre un sistema de auditoría sustentado en discursos técnico-"racionales", por un lado, y un sistema de prácticas documentarias locales, por el otro. Ambos sistemas se coproducen, pues, como ya dijimos, los "[...] sistemas estatales modernos [como, por ejemplo, el SNIP] son igualmente dependientes en todos lados de la articulación de prácticas locales" (Hull 2012: 167).

En todo esto, entender el rol de la estética resulta también fundamental. La aparente racionalidad del Estado no solamente se plasma en el diseño de su estructura y sus consecuencias. También es necesario tener en cuenta que partiendo de que las prácticas documentarias de los burócratas locales contribuyen a sostener esta apariencia es que el Estado logra constituirse en el territorio. Como señala Eggen (2012: 2), "[...] procedimientos que no necesariamente producen efectos sociales 'reales' que se correspondan con las técnicas de gobierno utilizadas, de todas maneras crean, aunque a veces temporalmente, una imagen de estos efectos" (traducción propia).[17]

***

17. Sobre la propuesta de Eggen (2012), es necesario precisar que el autor analiza la "estética" no en su dimensión instrumental, como lo hacemos en este caso, sino por el contrario, porque considera que el análisis de las prácticas cotidianas de los burócratas desde el punto de vista instrumental es insuficiente para explicar lo observado durante su trabajo de campo con burócratas en Malawi.

En este punto volvemos al texto de Ferguson y Gupta (2002), quienes presentan dos importantes argumentos sobre la "espacialización" del Estado que vale la pena poner en discusión a la luz del caso peruano. Por un lado, los autores sostienen que hoy en día el despliegue de poder de los Estados atiende a una gubernamentalidad neoliberal, recogiendo el concepto de Foucault (1991a). Sobre la base del caso de Lesoto, los autores sostienen que cada vez más las funciones que convencionalmente atribuimos a los Estados vienen siendo asumidas por actores ajenos a este, sean órganos de gobernanza internacional, organismos no gubernamentales o incluso la propia sociedad civil. En ese sentido, con el repliegue de las actividades del Estado se generan nuevas y mayores formas de autogobierno, las que se evidencian en mecanismos cada vez más populares como, por ejemplo, los presupuestos participativos.

Así, mediante lo observado en Ayacucho, podemos agregar que en el caso del Perú encontramos otros matices de la operación cotidiana del Estado peruano, la que es posible en buena medida por prácticas privadas que resultan instrumentales al neoliberalismo en tanto producen proyectos de gobierno individualistas basados en principios como la competencia y el emprendimiento. Si a esto añadimos que las prácticas privadas se funden con las operaciones cotidianas de la burocracia estatal hasta el punto de volverse indistintas, se hace muy sencillo debatir sentidos comunes que de manera muy natural contrastan la eficiencia del sector privado con la ineficiencia del sector público. Tanto es así, que este contraste artificial nos enfrenta a una doble paradoja.

En primer lugar, si bien la aplicación de reformas de corte neoliberal atendió a la lógica de reducir el control del Estado, restringiéndolo a la menor cantidad posible de ámbitos sociales y económicos, al mismo tiempo, el repliegue de las actividades del Estado ha podido suceder precisamente por la implementación de un sistema de gestión cuyas técnicas han sido diseñadas para operar como mecanismos de control y auditoría dirigidos a sus entidades y a las personas que las operan. En segundo lugar, resulta también paradójico que sea justamente el repliegue de las actividades del Estado aquello que facilite el surgimiento de proyectos que hacen posible el despliegue de sus técnicas. Es decir, las prácticas privadas que van ganando terreno en el ámbito de acción del Estado son precisamente aquellas que permiten su operación y extensión en el territorio.

De otro lado, tras realizar una etnografía de la burocracia en la India, Ferguson y Gupta concluyen que la manera que tiene el Estado de desplegarse en el espacio es vertical y abarcadora. Este argumento se fundamenta en la constatación de un significativo contraste entre la movilidad de los funcionarios del gobierno federal indio, que son capaces de transgredir los niveles de gobierno hasta llegar a lo local, y la escasa agencia de los funcionarios locales para acceder a niveles de gobierno superiores y, por lo tanto, más abarcadores territorialmente.

Aunque coincidimos con la idea de que existe una dimensión vertical del Estado, en el caso peruano encontramos que la transgresión de los niveles de gobierno no es unidireccional, en la medida en que no es exclusiva de los funcionarios de ámbito nacional, ni siquiera de los funcionarios públicos. Por el contrario, en los proyectos de inversión pública la transgresión de las estructuras del aparato burocrático puede darse también de lo local a lo nacional, sin transitar necesariamente por los ámbitos provincial y regional que estéticamente median entre estos dos niveles de gobierno. Más importante aún, quienes encarnan estas transgresiones no son necesariamente funcionarios públicos, sino que muchas veces son consultores, ciudadanos o empresarios externos a la municipalidad, o incluso agentes que desempeñan simultáneamente varios de estos roles.

Al mismo tiempo, precisamente la imbricación de las prácticas públicas y privadas en el despliegue del Estado nos permite cuestionar la idea de este como abarcador (*encompassment*). Si el Estado fuera abarcador en su despliegue en el territorio, esto implicaría que envuelve lo que se encuentra en su interior y, por lo tanto, que existe un adentro y un afuera definidos y delimitados por el conjunto de prácticas, discursos y representaciones que producen el Estado.

Por el contrario, la permanente permuta entre los roles de funcionario público y emprendedor que realizan los "perfileros" da cuenta de las dinámicas inconstantes mediante las que se produce el Estado. En ese sentido, siguiendo a Mitchell (2006), resulta más apropiado pensar en el Estado como los efectos producidos por estas prácticas, donde los límites entre lo estatal y lo no estatal se redefinen permanentemente. Es en la producción de estos efectos que el Estado se hace verticalmente, tanto partiendo de lo nacional a lo local como a la inversa.

Finalmente, el despliegue vertical tampoco es uno solo. Como hemos podido observar, son múltiples los mecanismos mediante los cuales los "perfileros", a través del SNIP, pueden articular intervenciones territoriales con las entidades nacionales que las financian. Es precisamente esa una de las características del Estado que les resulta funcional a sus estrategias emprendedoras. Por lo tanto, los ensambles entre los sistemas administrativos y las prácticas locales se pueden dar no solo a través de una única "visión de túnel del Estado" (Scott 1998), sino de varias de estas visiones desplegadas en distintos proyectos y con diferentes grados de éxito en lo que respecta a su adaptación a prácticas locales.

Ilustración 2

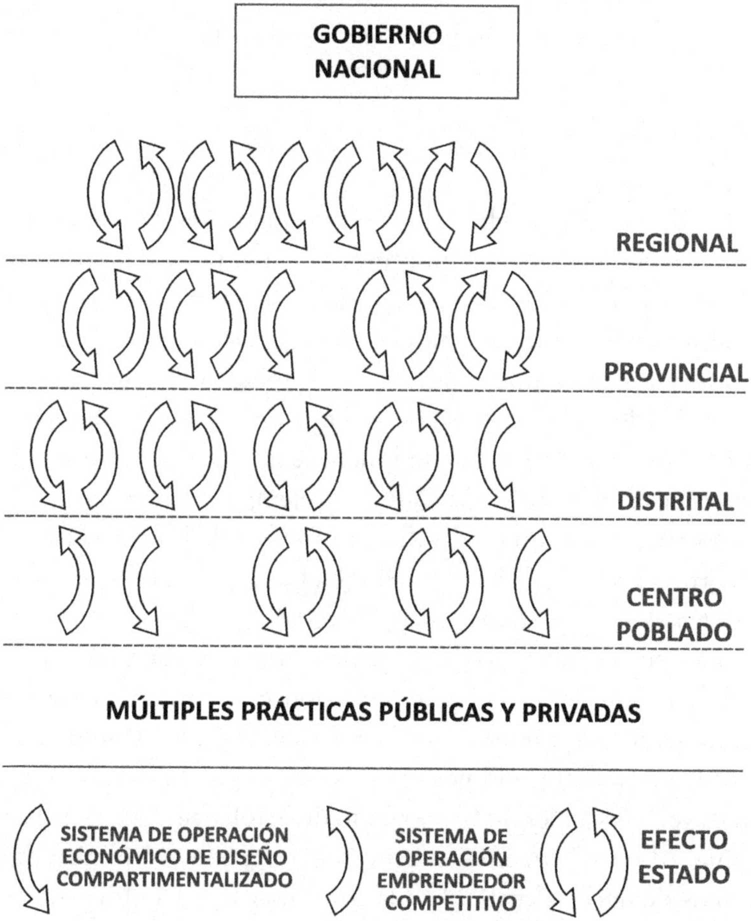

Consideraciones finales

> "No podemos solucionar problemas usando el mismo razonamiento que empleamos cuando los creamos".
>
> Albert Einstein

En las últimas décadas ha sido la economía la disciplina social que ha merecido mayor atención, principalmente porque ha sido sobre la base de sus ideas que se ha instalado el sistema tecnocrático de gobierno en el Perú. Esto ha permitido la creación de un circuito cerrado entre las teorías económicas, su aplicación en los gobiernos y su evaluación a la luz de los parámetros de esta misma disciplina,[18] proceso que suele concluir redundantemente en la necesidad de fortalecer las instituciones. Quizás el ejemplo más reciente e ilustrativo en ese sentido es el ya citado trabajo de los exministros de gobierno Piero Ghezzi y José Gallardo: *Qué se puede hacer con el Perú. Ideas para sostener el crecimiento en el largo plazo* (2013).

En su estudio, los dos economistas encuentran que la desaceleración del crecimiento económico, y su muy probable estancamiento, responden, entre otros aspectos, a la debilidad de las instituciones del Estado peruano en algunos sectores que consideran clave,[19] los cuales no han logrado desarrollarse a la par de la economía. Al mismo tiempo, el exitoso desempeño económico de los últimos tiempos es atribuido a la consolidación del MEF y de otras

---

18. Al respecto, véase Mitchell (2005), quien a partir del caso peruano demuestra cómo la economía, a pesar de ser una disciplina que asegura únicamente describir "la economía", en realidad participa activamente en su producción. Precisamente, el proyecto analizado es un experimento realizado por el Banco Mundial sobre derechos de propiedad en zonas urbanas, basado en las ideas de Hernando de Soto.
19. Principalmente educación, salud, seguridad ciudadana y desarrollo rural.

entidades estrechamente vinculadas al manejo de la economía. De esto concluyen que para lograr un mejor desempeño del Estado peruano es necesario reproducir la fórmula del MEF en otros sectores de gobierno y, por lo tanto, ocuparlos con una mayor cantidad de técnicos, específicamente economistas.

A nuestro juicio, este argumento es circular, en tanto plantea como solución aquello que consideramos es una de las causas del problema que identifican los autores. Como hemos visto, los paradigmas de gestión pública vigentes en el Estado peruano ya reproducen un sistema burocrático basado fundamentalmente en técnicas económicas. De hecho, desde la aplicación de las reformas neoliberales en la década de 1990, en el Estado peruano se ha consolidado el poder de los tecnócratas (Dargent 2015 y Vergara y Encinas 2016) y con ello una forma tecnocrática de hacer gestión pública, que aunque no necesariamente ha tenido los resultados que deseaban los economistas, se ha institucionalizado a lo largo del Estado y sus diversos sectores y niveles de gobierno. Como bien se pregunta Grompone (2016); "¿Acaso no ha sido la creación de burocracias técnicas la lógica de mejora institucional de las últimas dos décadas?".

De hecho, a partir de nuestro trabajo, sostenemos que gran parte del devenir errático de la burocracia surge de las limitaciones de los paradigmas técnicos de la economía y sus sistemas de operación para desplegarse en el territorio. Por lo tanto, debemos ser cautelosos al plantear propuestas sobre la base de este tipo de diagnósticos, pues la cura podría terminar siendo peor que la enfermedad.

Sin embargo, haríamos mal si *a priori* interpretáramos los procesos burocráticos descritos en este capítulo como negativos. No nos referimos a eso cuando decimos que el despliegue del Estado es errático. Por el contrario, si por un momento nos apoyamos en el marco institucionalista, más bien valdría la pena evaluar el SNIP no como un sistema administrativo fallido, sino como un sistema que lleva 15 años consolidándose y fortaleciendo redes de burócratas que han alcanzado logros significativos en lo que se refiere al despliegue de obras públicas en el territorio. En los términos institucionalistas estamos hablando de un sistema institucionalizado, y esto es posible por la multiplicidad de prácticas que se han tejido a su alrededor y las incluye.

En ese sentido, cambiar drásticamente el SNIP o eliminarlo definitivamente no es la mejor solución, en tanto tendrían que diseñarse nuevos mecanismos y procesos que lo reemplacen, sobre los cuales se tendría que iniciar un nuevo proceso de aprendizaje que recién en 15 años lograra el grado de consolidación que hemos descrito. Por ello, una estrategia de mejora más bien debería apuntar a reconocer las prácticas que se vienen desarrollando a su alrededor y optimizar los mecanismos de articulación con ellas, para de esta manera simplificar sus procesos; como una especie de sinceramiento frente a las externalidades que el propio sistema ha producido.

De otro lado, superar las limitaciones derivadas del despliegue compartimentado debe apuntar, en primer lugar, a culminar el proceso de descentralización y convertir a los gobiernos locales en los verdaderos articuladores del Estado en el territorio. En segundo lugar, debe generar mecanismos e incentivos que faciliten los procesos de articulación entre sectores de gobierno. Hoy en día, por ejemplo, dos entidades que buscan llevar a cabo una iniciativa conjunta pueden tardar más de un año hasta firmar un convenio específico que les dé el respaldo legal necesario para ejecutarla. Por el contrario, iniciativas que involucren a dos o más sectores deberían no solamente tener más facilidades presupuestarias, sino también recibir beneficios en relación con la flexibilización de los procesos.

Parte 2

La inacabable búsqueda de eficiencia: claves para entender las agendas tecnocráticas en el Perú actual

Álvaro Grompone Velásquez

Introducción[1]

"Sé sobre gestión. Gerencia. Esa habilidad de poder gestionar, de tener eficiencia. Ese es el aporte de haber trabajado en empresas privadas".

Cayetana Aljovín, ministra de Desarrollo e Inclusión Social[2]

De un tiempo a esta parte, los tecnócratas han adquirido un carácter ubicuo en las discusiones sobre la política peruana y el manejo administrativo del Estado. Habían ya aparecido a fines del gobierno militar —en la fase reformista de Morales Bermúdez—, adquirieron una mayor presencia pública con los intentos de ajuste estructural de la primera fase del gobierno belaundista de los años ochenta —aunque por un periodo breve— y su capacidad de acción alcanzó

---

1. El autor agradece la asistencia y, sobre todo, la guía metodológica de Daniela Ugarte. Asimismo, las discusiones en el grupo de trabajo del Programa Institucional fueron un gran aporte al texto. Se recibieron, además, comentarios de Eduardo Dargent, Paulo Drinot, José Carlos Orihuela, Marisa Remy, Guillermo Rochabrún, Martín Tanaka y Antonio Zapata sobre el argumento central.

2. Dejó ese cargo el 27 de julio de 2017.

la cúspide durante el primer gobierno de Fujimori y la aplicación del ajuste estructural que define la economía peruana hasta hoy. El final del fujimorato y su autoritarismo, lejos de debilitar la figura de estos profesionales, de alguna manera la consolidó, al ir extendiéndose sus prácticas a más sectores a partir de nuevos intentos de modernización estatal de los cuales ellos serían protagonistas.

Actualmente, la tecnocracia goza de un considerable margen de autonomía, lo que es favorecido por la crisis de representación política, así como por la ausencia de presiones sociales continuas. Así, en el último quinquenio presidencial y en la última elección, su peso en la política nacional ha sido mayúsculo. Pese a que el gobierno de Ollanta Humala se iniciaba con otras expectativas, probablemente uno de sus sellos principales fue el comienzo de ciertas reformas signadas por su manejo tecnocrático (junto con el marco de "incluir para crecer"). En las elecciones presidenciales de 2016 fue esa también la marca distintiva. Más allá de que el resultado haya favorecido a uno de los tecnócratas que ha estado en la escena pública por un mayor periodo de tiempo —quizás solo comparado con Richard Webb—, uno no puede evitar preguntarse en qué país está viviendo cuando incluso el *outsider* de la elección, Julio Guzmán, poseía también (si algo) un claro perfil tecnocrático.

Siendo la figura del tecnócrata tan importante, las posiciones en torno a ella varían de un extremo a otro. Por un lado, tenemos a aquellos que plantean que sin importar quién resulte electo de acuerdo con la voluntad popular, son esos tecnócratas quienes definen las políticas públicas, respondiendo, a su vez, a los intereses de los grandes poderes económicos nacionales e internacionales (incluidas las instituciones financieras internacionales como parte del cóctel) (Durand 2010). No serían, entonces, más que agentes de los poderes fácticos para capturar el Estado y determinar sus políticas de claro corte neoliberal. En el otro extremo se encuentran quienes sostienen que son ellos los gestores del crecimiento económico, una suerte de bendición en un mar de ineficiencia política, la cual debería extenderse a todos los sectores del Estado como elemento fundamental para apuntalar el progreso del Perú en las siguientes décadas (Ghezzi y Gallardo 2013).

Nos parece, sin embargo, que ninguno de los dos extremos capta la complejidad del asunto. Más bien, existe un déficit de análisis crítico acerca de a qué responden las decisiones de política de estos actores y cuáles son sus limitaciones. Planteamos, entonces, que no podemos comprender cabalmente la determinación de la agenda pública si nos quedamos en la captura del Estado por parte de los poderes fácticos (aunque no negamos que desempeñan un rol importante); más bien, resulta importante profundizar también sobre los aspectos en los que los postulados tecnocráticos convergen por sí mismos, los cuales siguen ramificándose en el aparato público nacional y tienen implicancias directas en las políticas nacionales. En gran medida, las reformas que impulsan y la lógica subyacente se relacionarían con las propias concepciones —ideología no es un término exagerado— sobre los objetivos que debe perseguir el Estado y los mecanismos para hacerlo. De este modo, resulta crucial acercarnos directamente a estos tecnócratas, de quienes mucho se habla, pero poco se estudia con cierto rigor. Básicamente, este es el propósito del artículo: acercarnos, de manera informada, a la idea que del Estado, las políticas públicas y el rol de los expertos tienen las capas tecnocráticas, a partir de un estudio de la tecnocracia peruana durante el gobierno de Ollanta Humala (2011-2016). Una hipótesis inicial es que existe una notable convergencia en la manera como se conciben estos temas, la cual sería un factor clave para la actual estabilidad en las políticas económicas y en los dispositivos de gestión pública en el Perú.

Antes de detallar el diseño de nuestra propuesta, parece importante una digresión acerca del marco más amplio del que partimos. Quizás la palabra que con más frecuencia se usa cuando se cataloga a estos tecnócratas es la de "neoliberales". Son ellos quienes implantaron, consolidaron y hoy defienden las reformas de liberalización económica, de modo que se les denomina tecnócratas neoliberales por favorecer un sistema que privilegia la asignación según los mecanismos de mercado y la lógica empresarial, por sobre una iniciativa estatal que debería retraerse. Sin negar esto, nos parece que hay ciertas discrepancias entre ellos sobre el grado óptimo de intervención del Estado y cuál debe ser su función con respecto a los ciudadanos. Hay, por lo menos, dos grupos que sería importante distinguir, estando uno de ellos más convencido de que las reformas de política económica deben estar también acompañadas de un liderazgo estatal. Efectivamente, los tecnócratas se mueven dentro de un margen reducido del espectro ideológico, generando discusiones y debates siempre hacia la "derecha" de este, pero parece importante distinguir este aspecto para no homogeneizar equivocadamente a estos actores.

El neoliberalismo, sin embargo, es más que el libre mercado o un régimen basado estrictamente en un conjunto de postulados de política económica. Se trata también de una manera de estructurar la sociedad, de comprender las responsabilidades del Estado y de concebir al sujeto-ciudadano. Se trata de extender la lógica mercantil y la racionalidad del *homo economicus* a cada vez más elementos de la interacción social y la escena política. Mientras Polanyi veía el pecado original del capitalismo en sujetar artificialmente al ser humano o a la tierra a los mecanismos de mercado, el neoliberalismo va más allá, prometiendo convertir todo en mercancía y, por tanto, optimizar toda solución respecto de ello en función de la eficiencia del mercado y a partir de los criterios de organización empresarial. Si entendemos el liberalismo como el "arte de la separación" (Walzer 2010), el neoliberalismo es antiliberal por excelencia. Es en este sentido que nos parece clave comprender la convergencia que hemos señalado entre las capas tecnocráticas: la perenne búsqueda de la eficiencia económica como eje del desempeño estatal, así como de su relación con (y control de) la población. Por tanto, no nos parece casualidad que muchos de estos tecnócratas sean economistas, un grupo en el que nos centraremos. Será el enfoque "eficientista" y algunos dispositivos que se han ido desarrollando para alcanzarlo en el Estado peruano el principal tema de nuestra investigación.

En casi todos los textos sobre la tecnocracia, el foco de estudio son los altos puestos gubernamentales y, con ello, los principales actores en la toma de decisiones (Camp 1983, Montecinos 1997, Dargent 2015). Si bien sería natural tratar el tema de la misma manera, en este caso hemos priorizado a una generación más joven de expertos que se desempeñan en el aparato público en función de su conocimiento especializado. Esta aproximación nos resulta relevante, ya que permite analizar a un grupo que se moverá dentro del aparato público en los siguientes años, contrastar sus visiones con las de los tecnócratas que ocupan cargos principales —de quienes se conoce bastante más— y explorar más directamente de dónde emergen puntos de consenso; por su propia posición, además, están más lejos de los conflictos de interés. En corto, esta aproximación permite examinar nuevas dinámicas en la reproducción del pensamiento tecnocrático y su influencia en las políticas públicas nacionales. Dentro de este grupo, nos centraremos en los economistas, ya que es claro que son estos profesionales los que han adquirido más prestigio e importancia en la administración estatal.

El centro de este trabajo será la información extraída de entrevistas en profundidad a estos jóvenes economistas que trabajan en cinco ministerios: (i) el Ministerio de Economía y Finanzas (MEF),

(ii) el Ministerio de la Producción (Produce), (iii) el Ministerio de Transportes y Comunicaciones (MTC), (iv) el Ministerio de Educación (Minedu), y (v) el Ministerio de Desarrollo e Inclusión Social (Midis). Dado que el objetivo principal del artículo son las concepciones de los jóvenes especialistas, priorizamos el mostrar sus propios planteamientos a manera de una descripción crítica. Cabe destacar que todas las entrevistas se realizaron durante el gobierno de Ollanta Humala, con lo que hacemos referencia constante a quienes se encontraban en esos puestos ministeriales en dicho periodo.

En tanto hemos planteado que un elemento central de la convergencia tecnocrática puede hallarse en su formación como economistas, complementamos el análisis con la aplicación de cuestionarios a asistentes de investigación en los departamentos de economía de la Pontificia Universidad Católica del Perú (PUCP) y de la Universidad del Pacífico —los dos principales centros de formación de expertos que posteriormente pueden formar parte de la tecnocracia—, sobre su percepción de estos mismos temas de intervención estatal, rol del Estado, políticas públicas, etc. Por último, es importante contrastar lo hallado con lo que plantean los propios tecnócratas en los puestos ministeriales, así como con el discurso público construido por el periodismo; ello se hace a partir de la revisión de la prensa —en concreto, de los diarios *El Comercio* y *La República* y de las revistas *Poder* y *Semana Económica*— de enero a junio de 2016.

Para resumir algunos puntos cruciales del presente artículo, proponemos que en el grupo de tecnócratas más jóvenes hay posiciones relativamente divergentes —aunque en un margen relativamente estrecho del espectro ideológico— sobre en qué aspectos debe intervenir el Estado en la economía, pero hay una notable convergencia sobre cuáles deben ser los procesos que la administración pública debe profundizar. Antes que ser férreos defensores de una progresiva liberalización, ser tecnócrata es concebir lo público en función de ciertas variables y de su optimización. Se trata, así, de una ideología del método, antes que de una ortodoxia del contenido.

En concreto, se valora como atributo central del Estado la eficiencia, favoreciendo dispositivos que buscan modernizar el aparato público para lograr ese objetivo; entre estos dispositivos figuran el presupuesto por resultados, los regímenes de inventivos (i. e. el Fondo de Estímulo al Desempeño) y la inclusión de criterios técnicos y propios del sector privado, en general, en cualquier política pública. Si estos son los dispositivos, quienes deben aplicarlos son los propios expertos, cuya lógica debería extenderse a cada vez más capas del Estado, en lo que hemos denominado la necesidad de un "chorreo tecnocrático". Si bien son claros los beneficios que pueden traer estas iniciativas, existen también fuertes limitaciones en que sea este el paradigma hegemónico de gestión pública. El artículo de Alvaro Gálvez que acompaña este libro profundiza sobre ello, mostrando la resignificación y los desencuentros de prácticas gubernamentales cuando se considera la escala local. Junto con ello, el riesgo de la despolitización del propio Estado —en toda la magnitud de la palabra— es quizás el aspecto más continuo del régimen económico-político, con enorme potencial para desplegarse en el siguiente quinquenio. Justamente, considerar que el aparato público debe administrarse sin una noción de política realmente cohesionadora es uno de los déficits que la hegemonía tecnocrática ha venido arrastrando en estos sus años de apogeo.

Al mismo tiempo, examinamos un conjunto de hipótesis anexas. Entre ellas destaca la profesionalización de la tecnocracia entre los jóvenes, la valoración positiva de que los tecnócratas se mantengan en varios gobiernos, la focalización como eje de la política social, el neurálgico rol del MEF en este proceso y la aprobación general de la gestión del ministerio al que pertenecen estos jóvenes, entre otros aspectos que desarrollamos a continuación.

Antes de dar paso al contenido propio del artículo, son importantes algunas advertencias sobre sus limitaciones, que parten del mismo diseño aquí propuesto. Entre estas limitaciones sobresale que no se recupera plenamente la voz de la burocracia más tradicional y su percepción sobre la creciente importancia de este grupo de economistas en el Estado; no se profundiza sobre la manera en que se instala el consenso tecnocrático desde los años noventa y cómo se consolida con el regreso a la democracia; solo se consideran tecnócratas del Gobierno central, sin analizar perfiles equivalentes en los gobiernos subnacionales; y que el diseño metodológico escogido difícilmente podría dar cuenta de la influencia de poderes fácticos (aunque, como hemos dicho, nos centramos en la agencia tecnocrática porque ha sido menos analizada, no por pensar que es lo único relevante). Son todos ellos aspectos que forman parte de una agenda tan pendiente como urgente. Sin embargo, quizás el principal déficit del texto es que no termina de redondear cómo estas concepciones tecnocráticas tienen un correlato en su aplicación en la realidad. Si bien el alcance de esta investigación no permite abarcarlo, ello sí es contemplado en profundidad en el artículo de Alvaro Gálvez, por lo que resulta importante que ambos textos sean vistos como un todo. Si aquí veremos las percepciones tecnocráticas, sus limitaciones en la práctica pueden entenderse a cabalidad con el otro artículo de este libro.

Habiendo dicho esto, el texto se divide en cuatro secciones, además de esta introducción. En la primera desarrollamos el marco teórico, el cual incluye las bases de lo que entendemos por neoliberalismo y las premisas básicas del comportamiento tecnocrático. La segunda sección explica y justifica la metodología cualitativa empleada en la investigación. La tercera desarrolla los resultados provenientes de nuestros tres instrumentos metodológicos, con una subdivisión entre los temas de redes tecnocráticas, orientación económica, búsqueda de eficiencia y percepción sobre el rol de los expertos en el aparato público. Finalmente, culminamos con las conclusiones y las perspectivas que se desprenden acerca del inicio del gobierno entrante.

1
Marco conceptual

El rol de las corrientes ideológicas y el orden neoliberal

Al tratar de establecer de qué manera se definen las políticas públicas en un país con un sistema de representación política y social tan débil, la respuesta casi automática de un nutrido grupo de críticos es que ellas responden indefectiblemente a la influencia de poderes fácticos, tanto locales como internacionales. Así, la captura del Estado es el talismán a partir del cual se explican los nombramientos de funcionarios, la dación de leyes, la política pública y la política económica del gobierno. En el Perú, serían las asociaciones de empresarios, la banca comercial privada, el grupo *El Comercio* y los organismos multilaterales quienes colocarían a agentes clave en el Estado para impulsar las políticas afines a sus intereses (Durand 2010 y 2016).

La existencia de poderes fácticos es, efectivamente, innegable. Sin embargo, quedarnos en ese factor es ignorar otros elementos primordiales y subestimar procesos de gran trascendencia y profundidad que han venido desarrollándose y que tienen aún gran potencial para hacerlo. Como ya señalaba Poulantzas (1969), entender al Estado como un mero instrumento de la clase dominante es un "economicismo vulgar", puesto que ello implica la existencia de una voluntad única que domina, de una unidad de Estado que proviene directamente de la unidad de clase, de un Estado como una entidad perfectamente manipulable, etc. Por el contrario, el Estado debe entenderse como una realidad objetiva específica y con una eficacia propia históricamente determinada; es decir, no se trata del reflejo de la infraestructura o de la trasposición mecánica de intereses privados a la dimensión política, sino de un proceso complejo con una realidad material propia.

Como parte de ello, nos parece que la evolución de las corrientes ideológicas —que incluyen aspectos de economía, política, sociedad y cultura— desempeña un rol importante y es bastante más compleja que la manipulación de actores a partir de un centro de propagación de ideologías favorable a una clase social. Como señalan Hall (1987) y Lee (1987), la evolución de ideologías económicas entre los economistas y hacedores de política tiene un rol fundamental para cambiar los paradigmas de política pública que se aplican. En la misma línea, el propio ajuste estructural implicó un proceso de consenso sobre principios de orientación económica que permeó a los agentes clave de la política económica y, de esta manera, brindó mayor solidez a las reformas (Kahler 1992, Haggard y Kaufman 1992). Con ello, si queremos entender la convergencia en materia de políticas públicas, es importante revisar brevemente cuáles son los postulados de política económica y gestión administrativa que han imperado y, como es evidente, cómo se inserta el auge del neoliberalismo en este proceso, así como de qué manera lo concebimos en esta investigación. Efectivamente, en todo este proceso hay una intención clara de expandir modelos económicos, así como poderes económicos que los faciliten, pero no todo es tan plano. Ni la formación de ideas responde necesariamente a intereses económicos ni el proceso de propagación es tan unívoco.

De este modo, la propia evolución de las ideas y cómo estas van ganando hegemonía importan. Los postulados económicos del neoliberalismo no son la excepción, con lo que un breve repaso puede ser ilustrador. Las décadas de 1930 y 1940 fueron críticas para el liberalismo clásico. En primer lugar, el debate sobre el cálculo socialista y la controversia del capital implicaron ataques y desafíos al libre mercado y a la escuela neoclásica, respectivamente, de los que no siempre pudo salir bien librado. Sin embargo, será la Gran Depresión y el auge de la doctrina keynesiana en la década siguiente los determinantes del lugar marginal que ocuparía el libre mercado como dogma en los siguientes lustros. En función de la teoría económica, la respuesta fue incorporar algunos elementos de la macroeconomía keyneasiana y mantener los fundamentos neoclásicos en la microeconomía, en lo que sería la "síntesis neoclásica". No obstante, su influencia siguió siendo secundaria en materia de política hasta la década de 1970. Lejos de haber surgido repentinamente en esa década, un grupo de intelectuales defensores a ultranza del libre mercado —que Anderson (2005) denomina "la derecha intransigente"— se empieza ya a reunir, con F. Von Hayek como principal figura, en las décadas de 1930 y 1940 (especialmente importante fue el Coloquio Walter Lippman en 1938), formando en 1947 la Sociedad de Mont Pelerin como una mezcla de asociación académica y sociedad política cuyo objetivo fue difundir su credo (Mirowski 2013).

Si bien esta Sociedad nace con la idea de corregir las fallas del liberalismo clásico con una lógica a puertas cerradas, en la década siguiente ya se siente en la necesidad y capacidad de promover sus postulados; para ello, fomenta redes a través de universidades, *think tanks* y, en general, agrupa a pensadores afines (Plewhe 2009). Rápidamente, el eje de participantes se traslada a Estados Unidos, y Von Hayek, junto con figuras como Simons y Director, marcan la consolidación de los postulados de libre mercado en la Universidad de Chicago. Será este el centro donde Milton Friedman, George Stigler y Gary Becker, entre otros, desarrollarán sus propuestas que apuntaban a la primacía de los mercados libres, la ineficiencia de la intervención keynesiana, los efectos negativos de la regulación estatal y la expansión de la racionalidad económica al estudio de todo aspecto de la vida humana. Su influencia fue tal que los tres mencionados ganaron el Premio del Banco de Suecia[3] y nuevas generaciones siguieron esa tendencia. Especialmente importante fue el surgimiento, por un lado, de la "nueva economía clásica", que a partir de las expectativas racionales ahondaba en la ineficacia de la intervención del Estado para estimular la economía y, por otro, de la *Public Choice Theory*, que planteaba que el comportamiento político del gobierno podía privilegiar el hecho de conseguir votos por encima de asegurar el progreso social de la población.

En medio de estos desarrollos teóricos, la política económica keynesiana había entrado en crisis a mediados de la década de 1970. La permanente combinación de estancamiento económico y alta inflación contradecía la curva de Phillips, uno de los pilares del keynesianismo bajo la síntesis neoclásica. En la práctica, las sucesivas intervenciones de este tipo solo ahondaban el problema, con lo que resultaban incapaces de resolver las consecuencias de la crisis energética. Es en este contexto donde el monetarismo de Friedman entra en escena, marcando el fin de la corta vida de consenso keynesiano. En el plano monetario, fue Paul Volcker quien rompió el molde desde la Reserva Federal estadounidense (FED), al elevar la tasa de interés para reajustar la cantidad de dinero, la raíz del problema según el monetarismo. En los planos fiscal y político, Thatcher y Reagan serán quienes articulen estas propuestas en un programa de gobierno —el "nuevo realismo", en términos de

---

3. Más conocido como el Premio Nobel de Ciencias Económicas.

Judt (2011)– que propugnaba un plan de reforma fiscal, menor intervención del Estado, desregulación, privatizaciones, énfasis en la responsabilidad personal, propiedad privada, etc., bajo una fuerte retórica anti-Estado. La aceptación fue tan marcada, que las ideas de Friedman, que resultaban tan radicales en los años cincuenta, eran parte del *mainstream* tres décadas después, asociado al libre mercado, el *Rule of Law* y los derechos de propiedad (Barro 2002).

Este breve repaso pretende señalar que hubo una dinámica propia del pensamiento económico liberal. Efectivamente, tuvo un apoyo económico que resultó fundamental para propagar su programa económico; por otro lado, existen procesos subyacentes en el modo de producción que también lo explican,[4] pero el proceso responde asimismo a tradiciones intelectuales y móviles ideológicos propios. Por un lado, la Sociedad Mont Pelerin fue formada varios años antes por defensores del libre mercado, en un momento en que los réditos económicos de tal adscripción no eran especialmente altos. Siguiendo a Smith (1994), la elección de Reagan y la adopción de la ortodoxia fueron la ratificación política de ideas que habían estado generándose y organizándose por más de tres décadas. De hecho, a fines de los años setenta quedaba claro que la definición de políticas era una batalla que debía librarse en el campo de las ideas, formándose una infraestructura institucional para fomentar la participación de cada postura en los debates públicos.

Al mismo tiempo, en el caso de la Escuela de Chicago, el apoyo de la Fundación Volcker fue crítico para el proyecto, pero nadie tenía que convencer a los protagonistas del movimiento de promover este tipo de ideologías (Plehwe y Mirowski 2009). Lo mismo puede

---

4. Sobre lo último, parece especialmente importante lo referente a la curva Smile, donde la fase propiamente productiva ha perdido importancia frente a las fases de diseño y publicidad.

decirse sobre la expansión del neoliberalismo al resto del mundo. Es cierto que los fondos para becar a estudiantes de países en desarrollo en la Escuela de Chicago y la propagación de *think tanks* vinculados con la Atlas Economic Research Foundation —apéndice de Mont Pelerin— brindaron una inmejorable plataforma. Pero si con la llegada de las ideas keynesianas hubo un terreno fértil con gobiernos preparados y hasta propensos a intervenir (Hall 1987), el monetarismo y el fundamentalismo de libre mercado, en general, tuvieron un grupo de economistas jóvenes ávidos por demostrar la superioridad de sus conocimientos, así como cúpulas gubernamentales que le dieron el espacio para hacerlo.

Para el caso peruano, Hesselroth (2006) presenta un interesante argumento sobre el peso que tuvieron los cambios en el plano de las ideas para explicar el ajuste neoliberal en el país.[5] De este modo, a fines de los años ochenta se evidenció un viraje hacia una mayor aceptación de la liberalización económica, tanto por parte de hacedores de política como de actores fuera del Estado (economistas, *think tanks*, prensa) y de la sociedad en general. Así, actores que defendían estas políticas articulan y difunden su programa (son interesantes los casos de los *think tanks* Apoyo y Grade), mientras que las plataformas que se oponían al ajuste se ven fuertemente debilitadas. Con ello, la necesidad de un ajuste económico va ganando apoyo popular desde el plano de las ideas (gracias, también, a la construcción de un discurso coherente para defender esta política) antes que desde el punto de vista de factores más estructurales.

Más allá de esto, el repaso del auge ortodoxo sirve también para discutir las raíces heterogéneas del neoliberalismo y la complejidad de sus postulados, aparte de un conjunto de principios de política

5. El capítulo 2 de la tesis también ofrece una interesante discusión sobre el rol de las ideas en los procesos de reforma económica.

económica.[6] De hecho, dado lo opaco que resulta el concepto de neoliberalismo, parece importante una breve digresión sobre cómo lo concebimos para esta investigación, pues será crucial para entender qué entendemos por neoliberalismo en la tecnocracia. El neoliberalismo se suele definir principalmente como una teoría que promueve el libre mercado, la iniciativa privada y la desregulación; sin importar el contenido, según esta teoría la acción del Estado genera distorsiones o, parafraseando el viejo vals, *toda intervención es una ofensa*. De este modo, una definición estándar va en el sentido de que sería

> [...] una teoría de prácticas político-económicas que afirma que la mejor manera de promover el bienestar del ser humano, consiste en no restringir el libre desarrollo de las capacidades y de las libertades empresariales del individuo, dentro de un marco institucional caracterizado por derechos de propiedad privada, fuertes mercados libres y libertad de comercio. (Harvey 2005: 2)

Del mismo modo, usualmente se confunde el neoliberalismo con el decálogo del Consenso de Washington, la teoría económica neoclásica, el monetarismo y hasta con el liberalismo clásico. Sobre esto último, por ejemplo, Judt (2011: 767) señalaba que lo planteado por el neoliberalismo "[...] no eran ideas nuevas. Eran las panaceas fundamentales de una generación de liberales prekeynesianos, instruidos en las doctrinas del liberalismo económico".

Si bien los ejes de privatización, liberalización y desregulación son centrales para el neoliberalismo, esa es solo una parte de la historia y, en realidad, no necesariamente la más innovadora. Otro modo de verlo tiene que ver con el neoliberalismo como la restauración

---

6. Sobre las raíces del neoliberalismo, son imprescindibles los artículos de Plehwe y Mirowski (2009).

de poder de clase y la salvaguarda de los intereses financieros y de la élite propietaria (*the top 1%*) a partir de un proyecto político de la élite financiera-corporativa en la muy bien orquestada alza de la tasa de interés y la remuneración del capital (Harvey 2005, Saad-Filho y Jhonston 2005, Duménil y Lévy 2005).[7] Sin embargo, tampoco es esta la descripción que nos resulta más interesante o relevante.

Desde otras de sus raíces, nos parece más pertinente recuperar a los ordoliberales en Alemania, quienes planteaban que se requería la acción del Estado para impulsar y proteger los mecanismos del mercado (*legally-mandated market*). Junto con esta vertiente, es importante también la de la Escuela de Chicago, que proponía que la ciencia económica es capaz de explicar todas las formas de conocimiento humano (Davies 2014). Justamente, se trata de un proyecto político concreto porque, más allá de reflejar la realidad en sus modelos, el objetivo consiste en hacer el mundo real más acorde a dicho modelo (Clarke 2005).[8]

Siguiendo a Steger y Roy (2011), el neoliberalismo, además de ser una estrategia ideológica que busca favorecer las políticas de libre mercado en el discurso público, es también una forma de gobierno que pretende imponer la lógica del mercado/empresa al Estado y a la sociedad. En realidad, el neoliberalismo, aunque inspirado en principios decimonónicos, es un proyecto modernizador que busca proactivamente imponer su lógica a todas las esferas de la actividad humana. No pretende aniquilar al Estado, sino reconfigurarlo y "rerregularlo" de acuerdo con sus preceptos. O, más bien, a una primera fase "negativa" (*roll-back*), en la que su meta es reducir la intervención

---

7. Ver también "Neoliberalism is a Political Project", entrevista a David Harvey. Disponible en: <https://www.jacobinmag.com/2016/07/david-harvey-neoliberalism-capitalism-labor-crisis-resistance/> (última visita: 25/07/16).

8. Ello explicaría la incesante campaña (inacabable por naturaleza) en contra de la sobrerregulación estatal como sempiterna posibilidad de progreso social.

estatal, le sucede una fase "positiva" (*roll-out*), en la que pretende consolidar sus principios a partir de una reestructuración del Estado. Así, mientras mantiene una fuerte retórica anti-Estado, usa el poder estatal con el fin de proveer el marco adecuado a sus objetivos y activamente perseguirlos (Peck y Tickell 2002, Mirowski 2013). Como indica Harcourt (2011), los mercados libres son una ilusión, y más bien lo que existe son distintos modos de regular los mercados. Como es evidente, lo anterior recoge la crítica al liberalismo clásico, la cual negaba que el libre mercado fuese un orden espontáneo y natural que queda como residuo cuando la esfera económica se emancipa de la intervención estatal, afirmando que este habría requerido la acción consciente y hasta violenta del Estado para el despliegue de la organización que buscaba imponer (Polanyi 1992). No obstante, el afán de restructuración ha ido más allá en este caso.

De hecho, una de las reconfiguraciones más importantes es la del propio Estado y la política. Un elemento central es que la función pública debe reconfigurarse para acomodarse a los términos del mercado y la eficiencia económica. Lejos de disminuir, las funciones del Estado se "mercantilizan", se empiezan a pensar en función de la empresa privada –la *new public management* que veremos más adelante–, y lo público y lo privado se refunden en una misma racionalidad. El Estado pierde todo carácter de búsqueda de justicia social y, bajo su retórica de no intervención, se traslada toda responsabilidad al individuo sobre su devenir (Wylde 2012). Como veremos después, ello deviene en la necesidad de una administración tecnocrática y despolitizada del aparato público, o de una gobernanza tecnogerencial en función de la eficiencia del mercado (Peck y Tikell 2002, Mirowski 2013).

Lo mismo ocurre con la sociedad y las interacciones humanas. Estas se presentan a imagen y semejanza de los términos de mercado y pensadas exclusivamente en función de lo económico (Munck 2005). De ahí justamente la importancia de Gary Becker y de la Escuela de Chicago, pues inician el "imperialismo económico", la colonización de territorios de la vida humana bajo su racionalidad (Lazear 2000). De mayor impacto público que el propio Becker es la lógica detrás del *bestseller Freakonomics* (Levitt y Dubner 2005), es decir, encontrar la racionalidad económica como el "lado escondido" de todas las decisiones que toman los individuos. Se trata de una propuesta economicista —como curiosamente se acusaba también de ser al marxismo—, pero ya no son las condiciones materiales de existencia, sino la racionalidad económica, la base del neoliberalismo como una teoría del todo.

Si regresamos a Polanyi (1992), la hipótesis central es que el régimen liberal se aproximaba a un cataclismo, porque partía de la utopía de considerar la fuerza de trabajo y la tierra como mercancías que podrían transarse en el mercado como cualquier otra; justamente, por ello, había necesitado la tan activa intervención estatal. El neoliberalismo no solo recupera esa tentativa liberal, sino que va más allá, es decir, apunta explícitamente a instituciones fuera del mercado para imponerles su lógica (Davies 2014). La educación, la fertilidad, la acción del Estado, la sociedad civil, la democracia y un infinito etcétera son todos susceptibles de sujetarse a la racionalidad del *Homo economicus* y sus objetivos de maximización y eficiencia. Se trata de convertir todo en mercancía, incluso si esto acaba subvirtiendo la razón inherente de la existencia del bien.[9] De ahí proviene la diferencia más marcada entre el liberalismo político y el neoliberalismo. Mientras que el liberalismo puede entenderse como el arte de la separación, es decir, como la autonomía de distintas esferas de la vida humana para perseguir los objetivos que le son

---

9. "How to Think like a Neoliberal", de Kevin Birch. Disponible en: <http://discoversociety.org/2015/07/01/how-to-think-like-a-neoliberal/> (última visita: 05/07/16).

pertinentes (i. e. el conocimiento en la educación), sin la interferencia de ninguna esfera en otra, el neoliberalismo pretende que la asignación eficiente de los mecanismos de mercado defina el devenir de todo aspecto que involucre una actividad humana (Walzer 2010).

La pista foucaultiana resume varios de los puntos anteriores con elementos de la gubernamentalidad neoliberal. Se trata de un continuo que abarca desde tecnologías de poder hasta tecnologías del yo, en el que se busca explotar la capacidad de autorregulación que los mismos sujetos asumen bajo guías de cómo deben hacerlo, es decir, lograr que alineen sus voluntades particulares según fines impuestos o modelos posibles de acción (Burchell 1991, Lemke 2001, Foucault 2006). Siguiendo esa lógica, se concibe al sujeto bajo la racionalidad del *Homo economicus*, que persigue su propio interés a partir de un cálculo de costo-beneficio estrictamente individual, pero que en teoría resulta la manera más eficiente de alcanzar el bienestar general. Bajo el concepto de capital humano, además, la actividad productora del individuo no es distinta a la de una máquina, con una determinada vida útil y un retorno (salario) similar al del capital físico, siendo el *Homo economicus* un empresario de sí mismo. Con ello, a partir de un *stock* inicial, es el conjunto de inversiones que realice cada uno en su propia vida/empresa el que determina el devenir del individuo; la educación, entonces, pierde todo carácter de aprendizaje, para ser un instrumento que mejora el flujo de ingresos futuros (Foucault 2007: 249-275). Como queda claro, ello implica trasladar toda responsabilidad al sujeto sobre su devenir, sin que el Estado intervenga en nada.

La contraparte del proceso sería la retirada del Estado, la cual no solo es fútil, sino también contraproducente porque evitaría este flujo natural del despliegue individual. Así, la gubernamentalidad neoliberal vigila y ve con escepticismo la actividad estatal, pero busca activamente que ella se amolde a la lógica de la economía y la eficiencia de mercado como organizadora de la sociedad (Foucault 2007, Rose 1996, Lemke 2001). Además, en tanto debe conocer y categorizar a la población para desarrollar dispositivos acorde a cada uno (Pasquino 1991, Rose y Miller 1992), convierte "[...] al arte de gobernar en una cuestión cada vez menos vinculada a lo político y cada vez más cercana al diseño y ejecución de políticas administrativas: un trabajo de tecnócratas más de que representantes políticos" (Chatterjee 2003: 184). Se tiene, entonces, a un individuo y un Estado regidos en función de la racionalidad económica, pero ello avanza también hacia la sociedad. De esta forma, la gubernamentalidad neoliberal implica "[...] extender y diseminar los valores de mercado a todas las instituciones y acciones sociales, al tiempo que el mercado se mantiene como un jugador destacado" (Brown 2003: s. p., citado en Drinot 2014).

Lo que hemos querido plantear con este resumen es que cuando hablamos de neoliberalismo como signo de la tecnocracia actual, nos referimos a sus concepciones selladas por esta racionalidad economicista. Efectivamente, se trata de una orientación de política económica que confía sobremanera en la asignación a través del libre mercado, pero se la debe entender también como una estructuración del Estado y la sociedad. Confunde, además, si se la identifica con políticas que niegan la intervención keynesiana. Por ejemplo, cuando la crisis financiera internacional llegó al país hacia el año 2009, la respuesta de política fue reducir la tasa de interés de referencia (hasta 1,25%) y elevar el gasto público (hasta bordear los 20 puntos como porcentaje del PBI). Esta respuesta keynesiana estándar se dio en el gobierno de Alan García, quizás el más neoliberal de todos los que hemos tenido desde el cambio de siglo, y no resulta una contradicción. Nos parece que esta noción de neoliberalismo es, además, más útil para entender a los tecnócratas peruanos del gobierno de Humala.

Los tecnócratas: elementos hacia su definición

La racionalidad en el aparato público y en las organizaciones sociales y políticas ha sido uno de los temas más tradicionales de las ciencias sociales. Si bien se tiene a Weber como el clásico más relevante al respecto, planteando la racionalidad como lo distintivo del capitalismo (o de la burocracia bajo la jaula de acero), así como una lógica de profundas raíces que había llegado para quedarse, sus orígenes pueden rastrearse también en otras fuentes. Particularmente importante resulta la propuesta de Saint-Simon sobre la organización racional y eficiente de la sociedad industrial, donde la administración directa avanzaría en detrimento del gobierno representativo. Lo anterior resulta interesante porque hasta la primera mitad del siglo XX era la burocracia administrativa la que se asumía debía aportar esta racionalidad al aparato estatal y, desde ahí, desplegarla en la sociedad. Ya no es así. Actualmente, la tecnocracia ha asumido el rol de agente racionalizador de la cuestión pública, mientras que se trata a la burocracia como el empleado administrativo de menor cualificación técnica y hasta como una rémora para el adecuado funcionamiento del Estado.

Aunque no es del todo exacto, en cierto sentido, la tecnocracia trae al Estado promesas equivalentes a aquellas que la profesionalización ofrece a las organizaciones sociales en general; ambos procesos, además, se han desarrollado en paralelo.[10] El estatus y la autoridad a partir del conocimiento especializado en alguna rama relevante para el bienestar de la sociedad, el cual, a su vez, proviene de una formación esmerada y de un *expertise* general, parecen ser el elemento fundamental. No nos concierne hacer un desarrollo de la

---

10. De hecho, Brint (1990) define un régimen tecnocrático como un caso extremo (y utópico) de influencia de grupos de expertos en la cuestión pública.

sociología de las profesiones, pero algunos puntos de esta literatura pueden ayudar a comprender el tema.[11] En primer lugar, es claro que la profesionalización requiere de una colocación privilegiada en el imaginario de la sociedad. Esta posición se ve reforzada cuando se consigue ser vistos como consejeros sabios, independientes y neutrales, de modo que su contribución sería la de ser portadores del conocimiento más racional y avanzado disponible; a su vez, se erigen como portadores de culturas técnicas rigurosas y exigentes, lo que es una garantía de habilidades, capacidad de razonamiento y trabajo disciplinado (Atkinson 1983 Brint 1992).

Para ello, estos profesionales establecen pretensiones exageradas de validez, un desarrollo selectivo del conocimiento y una mística de grupo, entre otras estrategias para conservar su carisma y aceptación pública (Rueschemeyer 1983). Sobre esta base, no solo pueden dar preceptos sobre lo que debe hacerse en varios de los campos más complejos de la sociedad, sino que establecen los mismos términos y límites en los que pueden concebirse estos aspectos que caen en su dominio (Dingwall 1983); es decir, lo que logran es que "[...] preguntas morales son reducidas a aspectos técnicos donde el *expertise* cuenta más que la ciudadanía" (Murray et ál. 1983). Más allá de su mandato y autoridad, un aspecto muy reseñado en la literatura es el de que cuentan con trazos ideológicos e institucionales compartidos (Freidson 1983). De este modo, los grupos profesionales comparten valores, creencias e intereses, los cuales los

---

11. Para los planteamientos clásicos sobre el tema, véase Parsons 1939 y Hughes 1994. Véase también Freidson 1970, Johnson 1972, Safartti Larson 1977 y Abbott 1988. Varios de los temas son: los determinantes para que unas profesiones logren un elevado estatus, mientras que otras no, la naturaleza de ese mismo estatus, las estrategias para mantener su posición, los mecanismos de organización que desarrollan, etc., asuntos que no necesariamente competen a nuestra investigación.

cohesionan hacia adentro y proyectan una imagen más legitimada hacia afuera. Esto nos conecta con el segundo punto en el que queremos enmarcar la tecnocracia: el rol de las *comunidades epistémicas*.

El término se refiere a redes de profesionales con un *expertise* y una competencia reconocidos en un dominio específico, con lo que reclaman autoridad de poseer el conocimiento relevante para las políticas que se aplican en dicho campo (Haas 1992: 3). La base de su cohesión es un conjunto compartido de creencias, valores, intereses, aversiones, criterios de validez, etc., que crea solidaridad entre sus miembros y guía su acción en ciertos problemas. Las comunidades epistémicas son redes informales e internacionales de consejería técnica que hacen las veces de canales a través de los cuales fluye la información, las experiencias de política y, con ello, una manera determinada de construir la realidad.[12] En tanto tienen su grado académico como credencial de calidad, ante la incertidumbre, los hacedores de política recurren a sus miembros por su formación profesional y reputación (Haas 1992). Este concepto es muy similar al de *advocacy coalitions* como redes que mezclan a actores públicos y privados que comparten creencias dirigidas a una meta común de política pública, y que emplean distintas estrategias para influir en las políticas nacionales (Sabatier 1986, 1988). Así, se tiene actores interconectados con razonamientos similares y objetivos comunes que buscan influir en la definición de las agendas públicas.[13] Precisamente, una de las coaliciones de este estilo de mayor repercusión

---

12. Nos parece más relevante hablar de comunidad epistémica que de comunidad científica, puesto que nos interesa enfatizar la circulación de ideas y la creación de un corpus compartido, en lugar de la creación de ideas científicas propiamente dichas, un tema más controvertido.

13. Tamtik y Sá (2012) y Orihuela (2012) han examinado la formación y el papel de estas comunidades epistémicas en las reformas de política en la Unión Europea y en Perú y Chile, respectivamente,

mundial fue la que se creó alrededor de la Sociedad de Mont Pelerin para extender sus postulados.

Si aterrizamos lo anterior, la reputación a partir del conocimiento profesional y la convergencia de redes de actores con creencias similares para influir en la política pública no se han dado en todos los grupos indistintamente. Si un grupo se ha hecho importante a través de ello, este ha sido el de los economistas. En primer lugar, la educación en economía tendría un papel central en el proceso de homogeneización de postulados básicos, en tanto el flujo de estudios de posgrado al Reino Unido y, sobre todo, a Estados Unidos habría llevado a la internacionalización de la carrera (Fourcade 2006, Montecinos y Markoff 2009). En Latinoamérica, el proceso fue marcado desde los años sesenta,[14] pero el acercamiento al *mainstream* se hizo hegemónico tras el fracaso del intento de formar una escuela de pensamiento orgánica con la Comisión Económica para América Latina y el Caribe (CEPAL). De este modo, la "americanización de la economía" se habría dado por el flujo y las relaciones constantes de estudiantes y profesores en el circuito Estados Unidos-América Latina y el Caribe, así como por programas locales que tienen a Estados Unidos como modelo (Montecinos y Markoff 2009).

El punto más recurrente sobre el tema es la universidad estadounidense (e inglesa, en menor medida) como centro de propagación del neoliberalismo/monetarismo (Harvey 2005). De hecho, los economistas latinoamericanos que asumen puestos públicos son los educados en esos postulados, siendo los principales ejemplos los Chicago Boys de Chile (Montecinos 1997, Klein 2005) y los economistas del Instituto Tecnológico Autónomo de México (ITAM) (Cleaves 1987, Babb 1998). No obstante, aquí queremos destacar

---

14. Pinto y Sunkel (1966) expresan varias preocupaciones al respecto.

que, fuera de eso, se impone también un modelo específico de aprehender la información, el cual se presenta como autoevidente; este modelo prioriza el matematismo y sofisticación de técnicas estadísticas, lo que muchas veces va en detrimento de la formación de una mente crítica, del conocimiento de distintos enfoques económicos, de la perspectiva histórica o del acercamiento a la propia realidad que rodea a quienes lo asumen (Colander y Klamer 1987; Colander 1991, 2005 y 2008; Barber 1996). No es nuestra intención sugerir un modelo como inherentemente mejor que otro, mas es relevante llamar la atención sobre el énfasis en la aplicación supuestamente fría, analítica y objetiva de técnicas sofisticadas en modelos que buscan captar eficientemente la realidad. El énfasis en la optimización "eficientista" como paradigma, la pretensión de principios universales, la preocupación constante por criterios y métodos técnicos, y el supuesto subyacente de una realidad unívoca sobre la que hay que aplicarlos son aspectos característicos de la economía que nos resultan clave para nuestra investigación.

Aunado a lo anterior, en el ámbito mundial y en el de la región, el rol de los economistas en el gobierno adquiere mayor importancia desde los años cincuenta-sesenta, pero sobre todo durante la crítica década de 1980, cuando protagonizan las reformas estructurales. Por un lado, el prestigio y la legitimidad social de la economía aumentan notablemente. Así, esta disciplina consigue trascender la Academia para lograr producir sentidos en casi cualquier ámbito de la sociedad, mientras que su prestigio hace que sus postulados se consideren indefectiblemente certeros y científicos (Fourcade 2006). Por otro lado, su vinculación con la política se hace más directa, dando nacimiento a los tecnopolíticos. Mientras que algunos opinan que es favorable que se trate de economistas que combinan criterios técnicos y evidencia empírica (de estándares internacionales) con liderazgo político en busca de reformas imprescindibles

(Domínguez 1990, Williamson 1994), otros tienen una visión más crítica. Así, gran parte de su ascenso se debería a la necesidad de establecer legitimidad hacia afuera —por ser parte de la comunidad epistémica asociada a las instituciones financieras internacionales—, pero, sobre todo, a una suerte de ritual performativo basado en su prestigio profesional antes que en el empleo práctico de sus conocimientos. Con ello, su centralidad intelectual y su valor simbólico de moderación, independencia y pragmatismo serían fundamentales para que ocupen cada vez más cargos en distintos sectores (Markoff y Montecinos 1993, Montecinos 1997).

Los elementos anteriores —las profesiones, las comunidades epistémicas y los economistas— nos brindan elementos importantes para entender a la tecnocracia. La definición típica del tecnócrata lo identifica como una persona que emplea un alto nivel de *expertise* y especialización académica como base de su poder en la toma de decisiones (Collier 1979, Centeno y Silva 1998). Como en el caso de los profesionales, el tecnócrata construye su imagen de neutralidad a partir de la aplicación objetiva de un *know-how* especializado que proviene de su formación en los estándares "occidentales" más rigurosos (Camp 1983). En este proceso, los tecnócratas se erigen como los únicos actores capaces de asegurar un manejo eficiente del aparato público y, con ello, de lograr cifras atractivas para los titulares de prensa, las instituciones internacionales y la inversión privada. En oposición a dirigir las políticas siguiendo parámetros ideológicos y políticos, su aporte justamente apunta a trascender estos factores para aplicar lo que el conocimiento técnico sugiere.

Una primera cuestión recurrente ha sido la relación entre tecnocracia y democracia.[15] Uno de los componentes más importantes

15. Controversia alimentada por frases como la de Hayek en la Universidad Católica de Chile: "Mi preferencia personal se inclina hacia una dictadura liberal antes que hacia un gobierno democrático privado de liberalismo".

de la democracia es la participación constante de todos los ciudadanos y la inclusión efectiva de sus concepciones en el debate y las decisiones de política pública. Como señala Crouch (1994: 10-11), "[...] la democracia prospera cuando existen más oportunidades de que una gran parte de las personas corrientes intervenga activamente en el diseño de la agenda pública [...] y cuando a las élites no les es posible controlar ni banalizar las modalidades de debate". Sin embargo, la apelación al *expertise* específico, el cual es necesariamente ajeno a la gran mayoría de la población, implica que solo este grupo concreto posee la capacidad de delinear las políticas públicas más adecuadas.[16] Si bien autores como Domínguez (1990) o Williams (2006) no ven necesariamente una contradicción en ello, la paradoja consiste en que "[...] la complejidad de las decisiones públicas parece requerir conocimiento esotérico y altamente especializado. Sin embargo, la ideología democrática sugiere que el pueblo debe ser capaz de influir en las decisiones de política que afectan su vida" (Nelkin 1975: 37, traducción propia). Este sería el "costo ideológico del énfasis administrativo" (Lerner 1985: 1055).

En un plano más concreto, en tanto se basa en su conocimiento como arma de legitimidad y establece relaciones políticas dentro del Estado para promover sus posiciones, la tecnocracia no debe responder a demandas concretas de la población ni se debe a la aprobación popular, siempre y cuando cumpla adecuadamente su función macro (Centeno y Silva 1998). De hecho, a partir de su técnica especializada (y de un contexto de crisis de partidos políticos y de fragmentación de la representación social), puede conseguir una

16. Si bien Crouch (1994) se refiere a élites empresariales que dominan la política pública como un proceso unívoco, sí compartimos el hecho de que la exclusión de la población de las decisiones de política genera aburrimiento, frustración y desilusión en la gran mayoría sobre sus posibilidades de influir en la vida pública.

notable autonomía para imponer sus preferencias, aun si estas son contrarias a las de los políticos democráticamente electos. Es más, incluso usa activamente su conocimiento para excluir a actores que no comparten sus criterios, desacreditando como populismo todo aquello que no se relacione con eficiencia y eficacia (Williams 2006, Dargent 2015).[17]

De cierta manera, las discusiones y consultas sobre la agenda pública tienden a estar más concentradas en un grupo específico, el acceso a las decisiones se hace menos igualitario y se generan menos compromisos entre élites y sociedad civil, lo que calificaría como un proceso de "desdemocratización" bajo la definición de Tilly (2007). Siguiendo a Smith (1994),

> [...] el conocimiento y la especialización son sospechosos por naturaleza cuando se convierten en la base de reclamos de influencia política [...] A veces es una forma de poder que desafía la autoridad tradicional. Y generalmente es un tipo de poder que parece socavar el derecho a elegir democráticamente del pueblo. (Smith 1994: 17)

Si recordamos los escritos de Saint-Simon, desde hace mucho tiempo ya existía la aspiración a una administración científica que sustituyera la noción de gobierno como representación de posturas de la sociedad. Ya en la actualidad, según Brint (1990), los tecnócratas se orientarían a resolver problemas concretos ("administrar" el aparato público) antes que a representar a la población.

Junto con la cuestión de las formas democráticas, se han planteado varios elementos sobre la naturaleza de la tecnocracia. Por un lado, la aplicación de sus principios tendría que ver con la concepción de

17. El caso de los Chicago Boys en Chile es ilustrativo, pues descalificaban a los que no defendían sus principios como de gente con menor capacidad técnica, llamándolos "plomeros".

un Estado mínimo y competente, que se transforme de *fat* a *fit* para hacerlo funcional a las necesidades de la economía (Domínguez 1990, Williamson 1994). Aún más importante, se le suele adjudicar a los tecnócratas la toma de decisiones sobre la base de racionalidad, eficiencia y criterios universalistas de evaluación (lo que incluye criterios técnicos de estándares "occidentales"), subestimando las relaciones sociales y políticas en la aplicación de sus medidas (Grindle 1977, Camp 1983). De este modo, un estilo tecnocrático reduce la política a una técnica circunscrita a la racionalidad medio-fin, menospreciando el carácter político de las decisiones; no cuestiona los objetivos del desarrollo ni se pregunta por la constitución de un problema social, sino que ve decisiones como una mera elección racional entre medios alternativos, invocando siempre a la técnica (Lechner 1985). En uno de los trabajos pioneros, Merton (1945: 409) resume el planteamiento del técnico en el gobierno bajo la fórmula "[...] los hacedores de política proveen las metas (objetivos, fines) y nosotros, técnicos, sobre la base del conocimiento experto, indicamos distintos medios alternativos para alcanzar esas metas".

Sumado a lo anterior, un punto clave es que estos tecnócratas pueden verse como relativamente homogéneos al compartir cuestiones clave entre sí. Una vez más, siguiendo a Fisher (1990), Centeno (1998) y Centeno y Silva (1998), existe una cosmovisión común, unos valores compartidos y una predisposición a cierta racionalidad y discursos entre estos tecnócratas: la priorización del crecimiento económico, la creencia en que hay formas de conocimiento superiores, la fe en los dictámenes del libre mercado, el énfasis en el orden político, la ambivalencia frente a la democracia (o la consideración de esta forma de gobierno en su aspecto más procedimental) y el desapego a alterar la jerarquía social son todas cuestiones que comparten los tecnócratas. Por ello, esta cosmovisión común tiene fuertes visos políticos, por lo que no se debería hacer una dicotomía entre un discurso técnico-científico y otro político-ideológico. Como nos advierte Camou (1997), no se debe entender la política y la técnica como dos aspectos excluyentes en el auge de los tecnócratas "apartidarios". Estos se constituyen en amalgamadores de una hegemonía concreta (neoliberal) a través de los "circuitos de *expertise*", los cuales tienen asimismo un importante componente político.

Lo que tenemos, entonces, es que los tecnócratas organizan también comunidades epistémicas a partir de las cuales van promoviendo sus visiones y principios compartidos. En gran medida, ello se debería a que cuentan con un *background* educativo bastante similar, que les permite establecer fuertes redes entre ellos, lo que muchas veces incluye relaciones de amistad (Camp 1983, Silva 1996). La amistad forjada por los Chicago Boys chilenos durante sus estudios, el caso de Domingo Cavallo y el Instituto de Estudios sobre la Realidad Argentina y Latinoamericana (IERAL) como centro de reclutamiento de economistas liberales en Argentina o la más tradicional formación de "camarillas" de economistas en el PRI son claros ejemplos de esto en la región.[18] Este patrón no es único, sino que es usual que los tecnócratas formen sus ideas y redes en los años previos a asumir cargos públicos a partir de relaciones con actores diversos, como instituciones financieras internacionales, sectores empresariales, partidos políticos, la Academia, etc.

De este modo, la legitimación equivalente al conocimiento profesional y la conformación de redes a partir de principios compartidos y experiencias comunes resultan factores clave. Con lo anterior, el peso de los economistas habría contribuido a poner el énfasis en la optimización "eficientista". De esta forma, el énfasis en las

---

18. Sobre el caso chileno, véase el documental *Chicago Boys* (2015) de Carola Fuentes y Rafael Valdeavellano. Teichman (2004a) compara los casos chileno y argentino, mientras que Cleaves (1987) y Camp (1983) describen el caso mexicano.

herramientas técnicas, la maximización de variables sobre la base de un conjunto de restricciones como paradigma, la priorización del crecimiento económico y control de la inflación, la racionalidad incuestionable del *Homo economicus* y, con ello, priorizar sobremanera la eficiencia como criterio, etc., son todos conceptos que han recibido la mayoría de tecnócratas durante su proceso de formación especializada. Es esta sempiterna persecución de la eficiencia como organizadora de la sociedad la noción que parece determinante en la ideología tecnocrática, más que la defensa de postulados de libre comercio extremo que se le suele adjudicar.

En un trabajo fundamental, James Smith (1994) analiza el rol de los expertos como "intermediarios de ideas" con gran influencia en la política pública estadounidense a lo largo del siglo XX. Aunque su interés se centra en los *think tanks*, es posible ver cómo estos conceptos de la tecnocracia van apareciendo en distintos momentos. Se trata de un proceso en el que los políticos se van haciendo cada vez más dependientes de los expertos, quienes, a su vez, se van organizando alrededor de asociaciones profesionales y de una infraestructura de doctorados en ciencias sociales y administración pública. Bajo la promesa de una mejora social, se forma un subgrupo en la Academia que prioriza los resultados inmediatos de política y que va forjando vínculos cada vez más directos con el Gobierno, al punto de institucionalizar entidades de asesoría técnica interesadas únicamente en los medios, y no en los fines. Ya en el Gobierno, se promueve el abandono de la ideología y de absolutos morales que guíen la acción política, en favor de una administración práctica de economía moderna a partir del conocimiento como elemento de razón y eficiencia incuestionable.

Una de las imágenes que cobra más relevancia en el rol de los expertos es justamente la de la eficiencia. Por un lado, ello incluye la promesa de acercar al Gobierno a la lógica empresarial/gerencial, según criterios de competencia y eficiencia; por otro, hace referencia a la metáfora de la ingeniería, mediante la cual los problemas sociales podrían solucionarse a través de la ciencia aplicada, como el motor de un auto. Junto con esto, crece el llamado a realizar exámenes rigurosos de los programas gubernamentales y el énfasis en la necesidad de evaluar para analizar la efectividad de las políticas. Con estos objetivos en mente, serían los expertos los únicos capaces de optimizar el desempeño gubernamental. El proceso puede calificarse como exitoso:

> La clase de los expertos se ha interpuesto entre el ciudadano promedio y las deliberaciones del gobierno, a menudo confundiendo y complicando en exceso temas sencillos con su jerga arcana, y dándoles a los políticos una forma de eludir sus obligaciones al dejar los problemas políticamente difíciles en manos de comisiones de expertos y grupos de estudio [...] la conclusión que hemos sacado como sociedad parece ser que las preguntas más serias no pueden siquiera ser planteadas, menos aún respondidas, en el lenguaje del sentido común. (Smith 1994: 269)

A partir de todos estos elementos, la propuesta conceptual que más se asemeja a la nuestra —y, por tanto, sobre la que nos apoyamos especialmente— es la de Centeno y Wolfson (1997). Estos autores identifican a la tecnocracia sobre la base de tres principios: (i) se trata de una élite cohesiva, con una formación especializada, que afirma ser capaz de maximizar el bienestar colectivo a partir de un conjunto de técnicas racionales y de criterios de "éxito"; (ii) se sostiene en un grupo de instituciones estatales que se adhieren a un cierto modelo técnico analítico, y busca su primacía en el aparato administrativo; y (iii) defiende la hegemonía de un excluyente paradigma de política pública, basado en un uso teóricamente óptimo de sus recursos y en la preservación de la estabilidad del sistema. La tecnocracia no es un sistema que moviliza masas ni que discute cuál es el bien público que como sociedad se debe perseguir. Más bien, en lugar de condensar conflictos, su idea es resolver problemas; en lugar de conducir (políticamente), se debe administrar.

Sobre la base de estos principios, los tecnócratas son quienes formulan cuáles son los problemas que hay que enfrentar, cuáles son las mejores soluciones para ellos y cuáles son los criterios de evaluación para medir estas soluciones. De manera clara: "La nación no es sino otra esfera más en la cual aplicar los instrumentos que han desarrollado [...]. El Estado es una empresa proveedora de servicios a la que hay que hacer funcionar con eficiencia" (Centeno y Wolfson 1997: 226). Con ello, no parece haber una ideología socioeconómica clara (i. e. monetarismo), sino que lo distintivo es su particular concepción de la política, esto es, un marco cognitivo basado en una serie de instrumentos técnicos y en un conjunto de criterios para evaluar el éxito de las políticas. Es una "ideología del método", la fe en la aplicabilidad y superioridad de la metodología y de los paradigmas técnicos y profesionales, y la predisposición a determinados tipos de racionalidad, siendo las únicas referencias admisibles las asociadas a la eficiencia. Así, la política pública óptima es la aplicación racional de modelos (no el equilibrio de fuerzas sociales) para alcanzar la única mejor solución; en corto, "[...] existe una realidad singular y universal en materia de política pública, que puede analizarse mediante métodos científicos y con respecto a la cual no hay discusión posible" (Centeno y Wolfson 1997: 231). Es esta reflexión la que guía nuestra idea de la tecnocracia, juntando elementos de prestigio profesional, comunidades epistémicas y formación de economistas.

2
Metodología

Como hemos indicado, el principal aporte de nuestra investigación será lograr una aproximación directa a las concepciones sobre el Estado, el rol de los expertos y los criterios centrales para el diseño de políticas públicas. Planteamos que un acercamiento útil es el de explorar las percepciones de una capa de tecnócratas muy importante, pero que suele pasar desapercibida: la de los economistas jóvenes de perfil tecnocrático en el aparato público.

Esta opción nos parece válida y relevante por, al menos, cinco razones: (i) se puede entrevistar a más gente, con lo cual podemos obtener un perfil más completo de esta capa tecnocrática (en lugar de centrarnos en pocos actores de altos cargos sobre los cuales se hacen todo tipo de elucubraciones); (ii) en varios casos, se trata de personas que han entrado a algún ministerio con un cargo de confianza otorgado por el propio ministro o sus allegados (de hecho, las redes son primordiales para ingresar a estos puestos bien remunerados); así, más allá de su desempeño laboral, se trata de un grupo que no está tan lejos ideológicamente de los tecnócratas principales; (iii) muchos de ellos desarrollan una suerte de carrera pública tecnocrática, por lo que es un grupo que hay que tomar en cuenta en sí, y si bien su vinculación con el sector público no suele ser continua, muchos piensan retomarla en puestos de mayor jerarquía; (iv) al proveer varios de los elementos fundamentales para el diseño de políticas públicas, son sujetos clave en los ministerios —por lo que su visión es también relevante en sí misma; y (v) por su posición "subordinada", no se encuentran influidos por los grupos de poder económico, lo que facilita conocer de manera especialmente depurada sus concepciones sobre los temas que nos interesan. Así, centrarnos en este grupo de "tecnócratas junior" resulta un buen modo de comprobar nuestra hipótesis de la convergencia ideológica "eficientista" instalada actualmente en el Poder Ejecutivo como un factor clave del consenso en las tendencias de política pública.

En tanto se trata justamente de entender la manera como los actores en cuestión comprenden asuntos tan complejos y delicados, es claro que aplicar métodos cuantitativos o cuestionarios no nos llevaría a ese objetivo. De este modo, se optó por emplear una metodología cualitativa, que se centra en captar cómo el mundo social es interpretado y producido por los mismos actores, teniendo en cuenta que sus puntos de vista son mediados por sus experiencias personales y conocimientos (Vasilachis de Gialdino 2006). A partir de esto, se eligió aplicar entrevistas semiestructuras que permitieran explorar, a partir de las vivencias de cada entrevistado, aspectos cruciales en la definición de políticas públicas propugnados por la tecnocracia. Se trata de una estrategia para hacer que la gente hable sobre lo que sabe, piensa y cree (Spradley 1979: 9, citado en Guber 2001: 75), en la que la perspectiva de los entrevistados se vuelve fundamental para entender cómo su visión del sector público influye en la gestión de las políticas que se implementan. Este instrumento es suficientemente flexible como para profundizar sobre distintos aspectos según las experiencias y concepciones de los entrevistados, a la vez que proporciona cierto marco común para contrastar visiones, un aspecto clave para analizar la convergencia ideológica.

Así, las entrevistas nos permiten explorar la cosmovisión sobre la cuestión pública y el tipo de construcción ideológica que se estaría dando entre agentes clave del sector público, cuyo perfil podría estar reproduciendo sentidos comunes tecnocráticos que primarán en los próximos años. Al mismo tiempo, este instrumento nos permite contrastar su visión con la bastante más conocida de los expertos en los cargos de mayor importancia del Poder Ejecutivo, de modo que podamos averiguar qué aspectos no son compartidos por los más jóvenes y cuáles sí evidencian una mayor continuidad. Como hemos dicho, tener las propias concepciones de este grupo de "tecnócratas junior" como eje de la investigación acarrea límites, en tanto difícilmente se podrían percibir conflictos de interés o influencia de poderes fácticos, a la vez que parte de estas nociones tienen que ver con su propio rol en la esfera pública; no obstante, la manera en que este grupo aprehende estos elementos nos parece enriquecedora en sí misma, pese a que, como siempre, sus alcances son perfectibles.

Por su importancia en el gobierno de Ollanta Humala, los cinco ministerios seleccionados para esta investigación fueron: (i) el Ministerio de Economía y Finanzas (MEF), (ii) el Ministerio de la Producción (PRODUCE), (iii) el Ministerio de Transportes y Comunicaciones (MTC), (iv) el Ministerio de Educación (MINEDU), y (v) el Ministerio de Desarrollo e Inclusión Social (MIDIS). Los primeros tres son los más importantes en materia de crecimiento económico, siendo especialmente relevante el MEF, al controlar el presupuesto de la República, y constituyéndose con ello en un agente clave en la priorización de políticas en todos los sectores; los otros dos se encargan de la diversificación productiva y de la provisión de infraestructura, respectivamente, aspectos centrales de la intervención estatal. Por su lado, el MINEDU y el MIDIS son —junto con Salud— dos de los ministerios fundamentales en cuanto a desarrollo social, que han recibido además gran atención en este último lustro.

Por otro lado, se han seleccionado también estos cinco ministerios porque se han caracterizado (al menos en la última etapa del gobierno humalista) por una visión liderada por tecnócratas de renombre y por sus importantes reformas en curso. El MIDIS, por ejemplo, que es el ministerio más recientemente creado, se gestó desde el inicio con este perfil "eficientista", como se verá con más detalle en las siguientes páginas.

Teniendo esto en cuenta, se realizaron 24 entrevistas semiestructuradas a entre cuatro y seis "tecnócratas junior" por ministerio;[19] algunos datos generales sobre ellos se muestran en la tabla 1. Calificaban para nuestro estudio aquellos economistas que tuvieran menos de 35 años y que se encontraran laborando o hubieran trabajado, al menos, seis meses en los últimos dos años en los ministerios seleccionados (en un puesto acorde a su conocimiento específico, siendo la mayoría del área de estudios económicos). En cuanto a la formación de los entrevistados, de un total de 24, 15 eran egresados de la Pontificia Universidad Católica del Perú (PUCP) —predominio que se ha dado a lo largo de varios años, aunque actualmente otras universidades están cobrando importancia—; cinco habían salido de las universidades del Pacífico y de Piura; y el resto de otras. Por otro lado, pese a que se quiso evitarlo, hubo un claro desequilibrio entre el número de hombres y el de mujeres en nuestra muestra. Más que un problema de diseño de la investigación, esto último responde al escandaloso predominio masculino en el aparato público, un tema sensible de política que debe verse con urgencia. Fuera de ello, se optó porque las entrevistas fueran anónimas y se usó seudónimos para los entrevistados, de modo tal que los temas se respondieran con menos presión.

---

19. La excepción fue el MTC, un caso en el que el grupo de economistas era bastante reducido. Por lo tanto, solo se entrevistaron ahí a tres tecnócratas junior, ya que el cuarto de los registrados no respondió a nuestra solicitud.

Tabla 1. Datos generales del grupo de tecnócratas junior entrevistados

Ministerio	N.° entrevistados	Sexo		Edad mín.	Edad máx.	Tiempo prom. en ministerio
		Hombre	Mujer			
MEF	6	4	2	27	34	22,3 meses
PRODUCE	5	3	2	23	32	23,5 meses
MTC	3	3	0	23	29	22 meses
MINEDU	6	4	2	23	33	17,3 meses
MIDIS	4	4	0	27	35	30 meses
Total	**24**	**18**	**6**	**24,6**	**32,6**	**23,0 meses**

Las entrevistas consistieron en un *core* de preguntas que se efectuaron a todos los entrevistados (aunque no siempre se consiguieron respuestas claras a todas ellas) y en una serie de temas que fueron surgiendo en la conversación. Las entrevistas se dividieron en siete módulos: (i) formación como economistas, trayectoria y trabajo en el ministerio; (ii) posición sobre la crisis de los años ochenta, así como sobre las reformas estructurales y la liberalización de la economía; (iii) visión sobre el funcionamiento del Estado, incluidos algunos de sus dispositivos actuales, como el presupuesto por resultados, el funcionamiento vía incentivos y la nueva gestión pública; (iv) importancia y operación de los tecnócratas en el aparato estatal; (v) criterios de diseño de política pública y su aplicación en la práctica; (vi) visión sobre los principales aportes de políticas específicas de cada sector; y (vii) posición sobre algunas políticas representativas en el último lustro.

El objetivo de estos módulos era captar qué atributos del Estado consideran especialmente importantes estos jóvenes tecnócratas, cuáles son las reformas que ellos piensan debieran hacerse para mejorar el desempeño estatal y de qué manera creen que debería darse la intervención del Estado. Al mismo tiempo, se examinaba cuánto valoraban estos jóvenes el rol de los expertos en puestos clave de la gestión pública, y se recogía su opinión sobre cómo deberían operar, qué rol tenían los economistas en este proceso y cómo se relacionaban con funcionarios estatales de distinto perfil. Era también importante analizar la importancia que le atribuían a los criterios técnicos en el diseño de políticas, qué tipo de publicaciones suelen revisar para diseñarlas, y de qué manera creen que debería participar la Academia en el proceso. Junto con ello, se analizaba aspectos sobre su formación, las redes que habían formado en su trayectoria hasta llegar al ministerio y qué opinaban sobre las políticas públicas en curso.

Si bien el centro del análisis lo constituyen estas entrevistas, se las complementó con dos dispositivos que nos resultaron especialmente relevantes. En primer lugar, dado que parte de la hipótesis es que los economistas tienen un rol significativo en la concepción que de la realidad tiene la tecnocracia, era importante acercarnos a los economistas de las universidades que suelen nutrir a este sector de funcionarios públicos, en especial la PUCP y la Universidad del Pacífico. Un grupo que resultó especialmente significativo fue el de los asistentes de investigación, puesto que se trata de estudiantes destacados, propensos a conocer y acercarse al sector público, y que forman parte de la Academia que brinda valiosos aportes a las ciencias sociales peruanas.

Para obtener respuestas más acotadas de este grupo (al no ser esta la parte central de nuestra investigación), nos vimos en la necesidad de emplear un cuestionario acerca de la formación de economistas, la tecnocracia, el Estado y las políticas públicas. El objetivo era ver si coincidían entre ellos y cómo concebían estos temas. Para ello, se revisaron cuestionarios similares aplicados también a economistas, especialmente en Estados Unidos. Nuestra base fueron Frey et ál. (1984), Colander y Klamer (1987) y Colander (2008), quienes plantearon una lista de preguntas a estudiantes de posgrado sobre el programa de economía que habían cursado, así como acerca de algunos postulados de política económica. Aunque con objetivos distintos, estos cuestionarios fueron una base para conocer la opinión de los economistas jóvenes sobre la investigación académica y la acción del Estado en el ámbito económico; se les hizo varias modificaciones y adiciones para ajustarlos a nuestras preguntas de investigación.

En concreto, el cuestionario se construyó sobre la base de cuatro módulos: (i) programa y formación en economía (ii) relación con otras ciencias sociales (iii) visión general de las políticas públicas y (iv) puntos de vista sobre las atribuciones del Estado. Algunas de estas preguntas fueron muy similares a las que se formularon en las entrevistas, con la intención de obtener un contraste, aunque los énfasis eran distintos en cada caso. En total, se llenaron 21 cuestionarios: 12 a asistentes de la PUCP y 9 a asistentes de la Universidad del Pacífico. En realidad, no se trató de un muestreo, sino que se aplicó el cuestionario a todos los asistentes de los que se consiguió un registro y que respondieron a nuestra solicitud.

En general, se trataba de economistas de entre 21 y 27 años que trabajaban como asistentes de investigación desde hacía un promedio de 16 meses (aunque la variación era bastante amplia). Poco más de las dos terceras partes eran hombres, lo que no obedece a un sesgo de la selección, sino al hecho de que el sexo masculino predomina entre los asistentes. Se les preguntó sobre sus áreas de interés, acerca de sus perspectivas de estudio y trabajo, sobre la importancia de los expertos en el aparato público, acerca del rol de los criterios técnicos en las políticas públicas, sobre el grado de intervención estatal en la economía que resulta favorable, etc.

El segundo dispositivo que sirvió de complemento a las entrevistas fue la revisión de la prensa acerca de los asuntos aquí discutidos y sobre lo que sostuvieron las principales figuras tecnocráticas en los primeros seis meses del año. Por un lado, se repasaron las noticias, entrevistas, informes y, especialmente, las columnas de opinión de los diarios *El Comercio* y *La República* y las revistas *Poder* y *Semana Económica* entre los meses de enero y junio de 2016. Se eligió estos diarios por ser los de mayor tradición en la prensa escrita nacional, ser dos de las principales referencias del periodismo político y por defender propuestas disímiles en materia económica; en cuanto a las revistas, son las que tratan de manera más sistemática temas de política económica. Representaban, entonces, un espacio clave para explorar las posiciones propugnadas en la esfera pública, revisar cómo se planteaban las reformas en curso y recoger el enfoque de agentes importantes en la discusión pública. Si bien los cinco ministerios seleccionados en nuestra investigación acaparaban esporádicamente los titulares en la prensa escrita, nos pareció importante complementar esas noticias con otros medios para entender sus posiciones. De este modo, se revisaron también entrevistas televisivas a los ministros y conferencias a las que asistieron a explicar las reformas en curso de su sector.[20] Como hemos dicho, nuestro foco estaba en los economistas jóvenes de perfil tecnocrático, pero era también importante contrastar su visión con la de los tecnócratas en cargos de mayor jerarquía, así como con lo que se sostiene en materia económica y de desempeño estatal en la discusión pública. De hecho, este contraste brindó la información más sustanciosa para verificar la existencia o no de convergencia entre estos tecnócratas junior.

Por último, se realizó un conjunto de entrevistas a expertos en gestión pública y a investigadores que habían trabajado el tema de la tecnocracia o de las comunidades epistémicas. Con este nutrido conjunto de mecanismos de acopio de información, se pudo analizar el tema en cuestión.

---

20. Por ejemplo, tres de los cinco ministros asistieron a uno de los seminarios denominados "Viernes económico" de la PUCP, en el que explicaron los avances y retos de su sector.

3
Resultados

Las redes en la tecnocracia local

En 2012, José Gallardo era profesor principal del Departamento de Economía y director de la maestría de economía de la PUCP, mientras que Piero Ghezzi trabajaba como jefe de estudios de mercados emergentes en el prestigioso Barclays Capital en Londres. Habían cursado juntos el doctorado en economía en la Universidad de California en Berkeley, y conservaban una amistad desde entonces. Ese año de 2012 deciden escribir juntos un libro sobre las perspectivas y desafíos en el largo plazo del crecimiento en el Perú, cuya tesis se oponía a varios de los postulados de política económica del momento, especialmente aquellos referidos a la continuidad del "piloto automático" como eje central para asegurar el crecimiento. El libro fue finalmente publicado en 2013 bajo el título *Qué se puede hacer con el Perú. Ideas para sostener el crecimiento económico en el largo plazo*, recibió gran atención y fue motivo de debates. Menos de seis meses después de la presentación de esta obra, Piero Ghezzi fue designado titular de PRODUCE, y nombró a José Gallardo como jefe del gabinete de asesores. Por otro lado, los asistentes de investigación que participaron en la elaboración del libro, así como otros que habían trabajado con José Gallardo en la PUCP, pasaron a formar parte del ministerio en el tipo de posiciones que hemos examinado aquí, es decir, colaborando con criterios técnicos y con su *expertise* económico en la elaboración de políticas públicas.

Tan solo cuatro meses después, José Gallardo fue nombrado ministro de Transportes y Comunicaciones, con lo que abandonó PRODUCE. Con él, se llevó a varios de estos tecnócratas junior, siempre para que contribuyeran con las políticas del sector. En PRODUCE se quedó otro grupo de estos economistas jóvenes y se comenzó a hacer convocatorias para contratar a otros especialistas en lo que sería la nueva área de estudios económicos; las redes de los jóvenes que se quedaron en PRODUCE fueron importantes para reclutar a este personal.

Esta experiencia revela claramente de qué manera las redes y las experiencias compartidas han sido fundamentales en la formación de un consenso tecnocrático en el país. Este grupo de economistas expertos en materia pública forma comunidades epistémicas sobre la base de valores, principios y creencias compartidos, a partir de una experiencia relativamente común entre quienes lo conforman. Es importante, entonces, haber asistido a universidades con un programa curricular similar, haber trabajado en empleos parecidos y mantener relaciones personales (muchas veces de amistad) con los demás miembros del grupo. En este caso, se puede observar la importancia de las redes en el más alto nivel jerárquico (la notable afinidad entre los que serían dos ministros de Estado), pero también para reclutar a un personal más joven de perfil tecnocrático (asistentes de investigación de una universidad en concreto). Nos parece que este punto ayuda a delinear por qué serían hasta esperables ciertos consensos en materia pública entre estos actores decisivos en el Estado; su formación como economistas, además, sería un importante elemento en ese sentido.

Nuestros casos de estudio son especialmente útiles por el perfil de los ministros a cargo. Excluyendo a Paola Bustamante del MIDIS (aunque la primera ministra de esa cartera, Carolina Trivelli, encaja bastante más en el perfil), Piero Ghezzi (PRODUCE), Jaime Saavedra (MINEDU), José Gallardo (MTC) y Alonso Segura (MEF) eran más que simplemente colegas. Los tres últimos habían estudiado economía en la PUCP alrededor de los mismos años —siendo todos alumnos destacados—, mientras que Piero Ghezzi coincidió con ellos en su trayectoria laboral y en estudios posteriores. De ahí que una vez nombrados ministros se comunicaran frecuentemente vía WhatsApp en un grupo denominado "ExGradeanos".[21] Este parece ser un caso extremo de empatía entre ministros, pero ilustra cómo muchos aspectos son compartidos. Como señala el propio Alonso Segura: "Ayuda mucho cuando los ministros se conocen, han trabajado muchísimos años y tienen un perfil profesional similar, hablan el mismo idioma y también son amigos. Con los que mencionas [Piero Ghezzi, José Gallardo, y Jaime Saavedra] somos amigos hace 20 o 25 años".[22]

El perfil de estos ministros sigue mostrando rasgos comunes. Los cuatro viajaron a Estados Unidos para obtener un doctorado en economía (ya hemos dicho que Ghezzi y Gallardo coincidieron en la misma universidad), y su trayectoria profesional es similar, aunque con tendencias distintas. Tres de ellos (Segura, Ghezzi y Saavedra) trabajaron en una multilateral (el FMI, el BID y el Banco Mundial, respectivamente), mientras que todos habían tenido una experiencia previa en el sector público, ya sea como asesores en el Ejecutivo o directamente en alguna "isla de eficiencia". En general,

---

21. *El Comercio*, 24 de julio de 2016. Disponible en: <http://elcomercio.pe/economia/peru/saavedra-ghezzi-y-segura-ultimos-pasos-juntos-noticia-1919111> (última visita: 1/08/16). Ello hace referencia al *think tank* peruano Grupo de Análisis para el Desarrollo (Grade).

22. Entrevista a Alonso Segura, *El Comercio*, 14 de marzo de 2016.

se observa que han combinado la actividad pública con la privada (estudios económicos en banca o fondos de inversión) y han participado asimismo en el sector Academia-multilaterales vinculado a la formulación de políticas públicas. De alguna manera, este mismo patrón es el que han seguido figuras cruciales del actual gobierno. Más allá del conocido perfil del presidente Kuczynski (una combinación de sector público, Banco Mundial y empresas privadas), el premier Fernando Zavala y Alfredo Thorne poseen una trayectoria parecida.

Estos patrones parecen repetirse en el grupo de tecnócratas de nuestro estudio. Ya hemos notado el predominio de la PUCP como *alma máter* de estas personas, pero se debe destacar que la mayoría estudió además en los mismos años, manteniendo entre sí muchas veces una relación de empatía o amistad. La trayectoria que han seguido es también bastante similar, aunque obviamente no tan larga como la de los tecnócratas descritos. Antes de entrar al ministerio, 14 de los casos se habían desempeñado como asistentes de investigación o docencia en su universidad, nueve habían practicado o trabajado por un tiempo considerable en algún *think tank* o consultora en economía y 5 se habían desempeñado en el sector privado, específicamente en el área de estudios económicos de bancos comerciales. Su vinculación previa con las políticas públicas también es clara; ocho habían trabajado antes en algún otro ministerio, 4 habían llevado el curso de verano del Banco Central de Reserva del Perú y otros 4 habían mantenido algún vínculo con el BID.

A partir de lo anterior, se observa la mezcla de empleo en el sector privado, en la Academia —de nuevo, el área ligada a las políticas públicas— y en el sector público repitiéndose en este grupo de economistas más jóvenes. La experiencia de *Luis*, el joven economista con la posición de mayor jerarquía de nuestro estudio, lo muestra claramente. Egresado de la PUCP, pasó a trabajar en una consultora en temas de economía por tres años, para luego ingresar al área de estudios económicos de un banco privado, donde trabajó casi dos años. Deja ese puesto porque viaja a realizar estudios de maestría en la prestigiosa Universidad Pompeu Fabra, en Barcelona. Ahí, establece contactos con una institución financiera internacional y consigue trabajar un año en esa multilateral, en su sede central en Washington, hasta que por motivos personales decide regresar al Perú. Conversando desde Estados Unidos sobre la posibilidad de retornar, se entera por algunos contactos de un puesto disponible en el MEF, entidad con la cual ya había tenido relación, pues había trabajado en una consultoría para ese ministerio durante su primera experiencia laboral, y, como él mismo señala, "[...] el mundo de los economistas no es tan amplio".[23] De hecho, el uso de redes y contactos personales para enterarse de puestos de trabajo en el sector público y conseguirlos no parece nada atípico. Tan solo cuatro de nuestros entrevistados comenzaron a trabajar para el Estado a través de una convocatoria abierta de la que se enteraron por los medios regulares, mientras que todo el resto (veinte casos) tuvo un contacto que le "pasó la voz" sobre la plaza disponible.

Lo que se puede apreciar es la gestación de una carrera tecnocrática informal, que se desarrolla en varios momentos por fuera del Estado. En un plano favorable, se observa que la formación de este grupo en la banca comercial, en universidades o en multilaterales permite su profesionalización y especialización, sin que ello acarree costos al Estado. Formar a un grupo de tecnócratas con un alto grado de *expertise* resultaría sumamente oneroso para el Estado, con lo que este patrón de carrera permite la producción continua de expertos en políticas públicas a partir de un gasto privado. Sin embargo, es claro que ello también puede llevar a conflictos de interés, pero sobre todo a que se pierda cierto sentido de la función

23. Entrevista a *Luis*, funcionario del MEF, Lima, 20 de junio de 2016.

pública.[24] Un problema central es que se llega a despolitizar el cargo público, al punto de decir, como en el caso de *Luis*, que "[...] somos como consultores que nos piden elaborar la política económica".[25]

En general, se observa que se va produciendo un perfil de funcionario especializado, el cual comparte criterios y creencias con esos otros sectores en los que se ha desempeñado. No es extraño, entonces, que las concepciones sobre la cosa pública sean muy similares entre sí —de ahí nuestra hipótesis de la convergencia— y que, además, concuerden con algunos preceptos de organismos externos (i. e. Academia, instituciones financieras internacionales, banca comercial). Lo novedoso de este proceso sería una suerte de profesionalización en la formación de comunidades epistémicas de economistas vinculados a las políticas públicas, puesto que el proceso actualmente se inicia más temprano e involucra a un grupo más amplio de egresados de economía. Especialmente en el gobierno de Ollanta Humala, el proceso de captación fue mucho más profundo, en gran medida por la mayor disponibilidad de fondos para pagar salarios no solo competitivos, sino considerablemente más altos que los que se podrían ganar en la Academia o en un *think tank*, por ejemplo, con lo que esta carrera tecnocrática informal se ha vuelto bastante más atractiva. Como señala el presidente de Apoyo Consultoría, Gianfranco Castagnola, sobre el equipo técnico del Minedu: "[...] hemos perdido a muchos chicos de Apoyo porque se han ido a trabajar allá".[26]

Asimismo, hay una importante rotación de este grupo entre distintos sectores, lo que es un factor central para que sus posiciones se

---

24. Gran parte de las reflexiones sobre el tema las debo a la entrevista con Eduardo Dargent, profesor de ciencia política de la PUCP, quien además señaló que la carrera tecnocrática informal sería una novedad en el Perú, pero ya existía en Colombia.

25. Ibíd.

26. Entrevista a Gianfranco Castagnola, *El Comercio*, 3 de enero de 2016.

generalicen y expandan en el aparato público. Entre aquellos casos que habían trabajado en más de un ministerio, se observa que sienten que pueden aplicar sin mayor problema su *expertise* en cualquier ministerio, siempre que cumplan ciertos estándares de calidad de gestión. *Oswaldo*, uno de nuestros entrevistados adicionales, es un caso especialmente interesante. Experto en temas de presupuesto público a partir de su experiencia en el MEF, trabaja posteriormente en el sector Salud (en la Gerencia de Presupuesto de EsSalud), en el Midis (en la Oficina de Seguimiento y Evaluación) y en el Minedu (donde labora actualmente). Para estos puestos siempre fue llamado por figuras tecnocráticas que también han trabajado en varios sectores de la política pública, por lo cual reconoce que la red de contactos en el aparato público es sumamente densa y que hay una constante rotación.[27]

El hecho de que actores formados en el MEF vayan permeando cada vez más ámbitos del Estado no es de menor importancia. Vergara y Encinas (2016) señalan como una de las estrategias de la tecnocracia para mantener el consenso neoliberal peruano la infiltración de actores del MEF en diversos sectores, como el Midis, de modo que la creación de este ministerio implicaría un acercamiento a la inclusión social bajo los preceptos neoliberales de la gestión pública. Si llevamos el argumento un paso adelante, es fácil notar cómo el debilitamiento del Midis desde la mitad del gobierno humalista generó un éxodo de estos especialistas hacia otros sectores del aparato público, especialmente el Minedu.[28] Dos casos claros de este éxodo son los de Juan Pablo Silva y Aníbal Velásquez: Silva

27. Entrevista a *Oswaldo*, miembro de la Dirección de Calidad de Gasto Público del MEF durante su formación, Lima, 27 de julio de 2016.

28. Oswaldo Molina Campodónico señala la importancia del ingreso de "[...] personas jóvenes y talentosas, muchas de las cuales provenían del Midis", para el éxito de la gestión del Minedu. *Semana Económica*, 21 de febrero de 2016.

pasó de ser viceministro de Políticas y Evaluación Social del Midis a viceministro de Gestión Institucional en el Minedu, habiendo previamente liderado un equipo técnico adscrito al MEF que introdujo nuevos mecanismos de asignación presupuestaria, mientras que Velásquez pasó de ser director de la Oficina de Seguimiento y Evaluación del Midis a viceministro de Salud Pública y posteriormente ministro de Salud.[29]

Si bien la formación de un grupo de tecnócratas a manera de comunidad epistémica no es nueva (el caso de los ministros mencionados lo prueba), sí es claro que se está consolidando este perfil, lo que llevaría a reproducir este corte tecnocrático en las decisiones de política. En el plano general, la figura del economista se habría consolidado en los últimos años. En 1998, Conaghan ya señalaba que los economistas habían adquirido un mayor grado de exposición mediática en el país, y que hacían las veces de un *expertise* flotante, puesto que elaboraban consultorías para instituciones financieras internacionales, grupos empresariales y partidos políticos indistintamente; asimismo, la mayoría había laborado un tiempo en el sector público (especialmente en el MEF y en el Banco Central de Reserva), con lo que asumían distintos roles a lo largo de su carrera. Sin embargo, la autora señala que la profesión aún no estaba plenamente consolidada, sino que se trataba más bien de un grupo disparejo y heterogéneo de tecnócratas que rara vez definía el diseño de políticas públicas.

Esta tendencia a la importancia del economista se ha profundizado en los últimos años. Las encuestas de Apoyo más recientes muestran que la mayoría de la población considera que el presidente

29. Si bien Aníbal Velásquez no cuadra necesariamente en el perfil de tecnócrata aquí estudiado, su experiencia en el sector público y en consultoría permite incluirlo en este análisis.

del Perú debiera ser economista de profesión.[30] Se tiene, además, un gran número de economistas en la gestión pública, que no ha parado de aumentar. Por ejemplo, a lo largo de los cinco años de gobierno de Ollanta Humala, entre la tercera parte y la mitad de los miembros del gabinete ministerial fueron economistas. Asimismo, varios de los principales protagonistas de la última elección presidencial provienen de esa disciplina y han empleado su formación académica como instrumento de prestigio: Pedro Pablo Kuczynski, Julio Guzmán y Alejandro Toledo. El caso de Julio Guzmán es particularmente interesante, porque fue sin dudas el *outsider* de la campaña —figura tradicionalmente asociada a un candidato antisistema y antiestablishment—, pero su plataforma política era la de un grupo de economistas con intención de participar en la política pública a partir de su *expertise*; él mismo encarnaba esa imagen.[31]

Como correlato de este proceso, un grupo cada vez más nutrido de economistas estaría construyendo esta carrera tecnocrática informal y, aún más, fortaleciendo relaciones con los tecnócratas ya consolidados. No puede, por cierto, ignorarse que universidades como la Universidad del Pacífico o la Universidad de Piura están incluyendo temas de gestión pública en sus programas curriculares. Asimismo, se debe señalar que muchos de ellos tienen la clara intención de cursar un posgrado y de dedicarse luego al sector público, al menos en algún momento de su vida.[32] Efectivamente, nueve de

---

30. En la última encuesta sobre ello, el 40% consideró que el siguiente presidente debería ser economista, seguido muy de lejos por otras carreras, como derecho o sociología. Véase: <http://elcomercio.pe/visor/1849433/1225412-que-profesion-tener-proximo-presidente-peru-noticia>.

31. Todos por el Perú fue incluso creado por miembros de Macroconsult, una consultora en temas de economía de claro corte liberal.

32. Cabe destacar que seis de los entrevistados querían laborar en alguna multilateral, lo que también muestra una predilección por ese tipo de instituciones.

los entrevistados planean seguir ese ciclo de estudios en el exterior, específicamente en políticas públicas. Es interesante comprobar que estos patrones se repiten entre los asistentes de investigación. Un tercio de esos encuestados piensa dedicarse a la política pública (los otros dos tercios priorizan la Academia), teniendo en mente distintos empleos que pueden combinar con bastante elasticidad, pero siempre pensando en aportar insumos a la política pública y la economía del desarrollo; de hecho, esta rama de la economía es la que ha cobrado más interés, reemplazando a las finanzas o la macroeconomía.

Aunado a ello, no puede ignorarse que la formación como economistas es clave para entender la manera en que los tecnócratas perciben la cosa pública. El especial énfasis en optimizar, en hallar la solución más eficiente (mediante un método "más frío, más analítico"), los supuestos de racionalidad típicos del *Homo economicus*, el peso cuantitativo y de técnicas econométricas, etc., son factores que permean la concepción de los problemas del Estado. De hecho, los asistentes de investigación que entrevistamos concuerdan con la idea de Colander y Klamer (1987) de que existe una formación en economía en la que, además de predominar el paradigma neoclásico, hay una marcada preocupación por los requerimientos formales, técnicos y cuantitativos, en detrimento del conocimiento expreso de la realidad que rodea a los estudiantes y, finalmente, del campo donde se pretende aplicar sus políticas. Así, se piensa que hay un énfasis exagerado en poseer un alto grado de habilidades matemáticas y de conocimiento de técnicas econométricas, en perjuicio del conocimiento de la problemática económica concreta del país y de recoger los aportes de otras disciplinas afines.[33]

33. Sobre las habilidades matemáticas, se percibía como sumamente importante para ser un estudiante destacado (puntaje promedio de 4,4 sobre 5), pero

Más allá de lo anterior, lo que sí valoran mucho de la economía los tecnócratas junior es el hecho de que pueda aplicarse a distintos campos y de que provea un marco útil para diferentes sectores de la economía pública. Si bien varios reconocen la importancia de combinarla con otras disciplinas, se piensa que la economía brinda un modo de pensar los problemas en función de generalidades, de identificar problemas y soluciones de manera óptima, con un componente cuantitativo que las demás ciencias sociales no poseen. A partir de ello, se cree que ha sido positivo que cada vez más economistas decidan sobre temas de política pública, ya que poseerían un conjunto de herramientas más amplio y pertinente que otros especialistas, un enfoque más crítico y a la vez más simple y operativo, capaz de emplearse en casi cualquier problemática. En un caso bastante claro, *Óscar* plantea el aporte de los economistas en los siguientes términos: "El economista viene y dice 'ok, vamos a intervenir en esta política pedagógica, pero pensemos cómo vamos a evaluar, pensemos cómo vamos a usar estos recursos, pensemos cómo vamos a focalizar bien, plantéame cuál es tu objetivo para yo decir exactamente dónde intervenir', es eso en lo que aportamos".[34]

---

no tanto para ser un economista competente en la práctica (puntaje de 3,0). Lo contrario sucedía con el conocimiento de la problemática del país (valoración de 3,3 para ser un buen estudiante, pero de 4,2 para ser un buen economista). Al mismo tiempo, se mostraban sumamente conformes con la "sofisticación matemática y de técnicas econométricas" (puntaje promedio de 4,3), mientras que lo que sentían como más insatisfactorio era la "revisión de enfoques desde otras disciplinas" (puntaje promedio de 2,2). Se tenía, además, una concepción más bien crítica respecto de la excesiva influencia del paradigma neoclásico, así como de la supuesta supremacía de la economía sobre otras disciplinas del campo de las ciencias sociales.

34. Entrevista a *Óscar*, funcionario del Minedu, Lima, 5 de julio de 2016.

De esta manera, se entiende la economía como un modo de pensar los problemas de una sociedad, como un método de aproximación a distintos problemas, más que como una disciplina circunscrita a ciertos temas.[35] Así como Fine y Demakou (2016) señalan que la economía habría de algún modo abandonado las teorías, aislándose en formalismos matemáticos, para pensar exclusivamente en función de modelos a probar *ex-post*,[36] la tecnocracia estaría priorizando un modelo de acercamiento a la política pública más allá de teorías completas sobre los objetivos que cada sector persigue, aun más allá de la eficiencia. No es extraño, por tanto, que quiera aplicar su *expertise* a sectores bastante disímiles, no necesariamente como una estrategia para expandir sus postulados, sino por la creencia de que cualquier sector puede mejorar la calidad de su gestión con los aportes de la economía.

Lo que hemos querido aquí explicar es cómo este grupo de especialistas forma una comunidad epistémica de economistas vinculados a las políticas públicas. Como indican Vergara y Encinas (2016), comparten un espíritu de cuerpo, un lenguaje y maneras de comportarse, algo que se refleja en las redes que van creando, en una formación en común sobre la base de ciertos preceptos y en la coincidencia en postulados clave. Este último punto, el de la convergencia, es el tema central de nuestro trabajo que desarrollaremos a continuación.

---

35. Como hemos visto, esta es una herencia de los trabajos de Gary Becker y el imperialismo de la economía. Véase Lazear 2000.

36. El tema es claramente ilustrado por Michael Roberts <https://thenextrecession.wordpress.com/2016/06/10/modelling-the-mainstream-by-fine-and-rodrik/> (04/06/16).

La posición reformista: los neoliberales de "centro"

Como ya hemos dicho, uno de los términos que suele acompañar la descripción de los tecnócratas es el de neoliberales. En gran medida, ello se debe a su papel neurálgico en las reformas de mercado y a su defensa del libre mercado (en contraposición al control estatal de los recursos), especialmente plasmados en el viraje neoliberal en América Latina y el Caribe. En medio de la crisis de la década de 1980 —y, con ello, la crisis del paradigma estructuralista de la CEPAL—, ya era claro para las instituciones financieras internacionales y la mayoría de economistas de países desarrollados que el ajuste estructural era la única alternativa viable.[37] De este modo, los años ochenta serían la década de asentamiento sin paragón del Consenso de Washington, que establecía la necesidad de estabilizar los precios, privatizar, liberalizar, desregular y reducir el déficit fiscal, entre otras medidas (Williamson 1994). Como señala Fisher, "[...] el hecho clave es que ya no hay dos grandes paradigmas de desarrollo económico en competencia; los participantes en el debate sobre el desarrollo ahora hablan el mismo lenguaje" (Fisher 1990: 25).

En el Perú, los años ochenta fueron atípicos, ya que el primer intento de aplicar una reforma ortodoxa tuvo una corta duración y terminaría en el plan más claramente heterodoxo de la región bajo el gobierno de Alan García.[38] Los resultados fueron, como se sabe, nefastos, lo que llevó a que el ajuste estructural se percibiera como una medida aún más necesaria. Algunos indicadores macroeconómicos sobre el periodo se muestran en la tabla 2. De hecho, si se revisan las condiciones políticas que Williamson (1994) propone

37. La mayor síntesis de la década para la región es la elaborada por Balassa et ál. 1986.

38. Sobre esta fase, véanse Kuczynsky 1990, Pastor y Wiese 1990 o Webb 1994.

como favorables para un ajuste estructural, el Perú en 1990 parecía cumplir con todas ellas,[39] en un contexto especialmente agudizado por el mal desempeño económico del quinquenio anterior.

Tabla 2. Indicadores macroeconómicos clave, 1980-1990

	Economías emergentes	América Latina	Perú
Crecimiento del PBI (%)	2,89	2,26	0,12
Inflación (%)	75,1	215,31	1117,68
Crecimiento importaciones (%)	4,13	1,99	6,38
Crecimiento exportaciones (%)	4,99	3,44	-6,38
Balanza de cuenta corriente (% del PBI)	-3,27	-5,74	-4,92
Inversión (% del PBI)	23,38	21,56	22,45

Fuente: FMI.
Elaboración propia.

La aplicación del ajuste es ya bastante conocida. La estabilización de precios y el ajuste estructural se hicieron al unísono (hoy la narrativa los ve como un mismo fenómeno) y de manera bastante rápida. Así, durante el primer gobierno de Alberto Fujimori se aplicó una política de liberación de precios (*shock*), se otorgó mayor autonomía al Banco Central de Reserva, se privatizaron las empresas públicas, creándose entes reguladores para varios sectores clave (telecomunicaciones, agua, energía y minas, infraestructura de

39. Estas condiciones son: (i) una gran crisis económica, (ii) ser el inicio de un nuevo gobierno ("luna de miel"), (iii) oposición debilitada, (iv) presencia de un equipo de economistas con una visión común, (v) líder con objetivos de corto plazo concordantes con el ajuste, (vi) programa radical a aplicarse rápidamente, y (vii) deseo y habilidad de llegar a la población a través de los medios de comunicación. En otro estudio, Remmer (1998) sostiene que sería la nueva estructura de incentivos y las oportunidades políticas marcadas por el contexto externo las que explican el éxito de la reforma.

transporte público, etc.), se dio una apertura comercial, etc. Se trató de un proceso de ajuste extensivo, que dio paso a una economía en la que los mercados y la iniciativa privada adquirieron mayor peso, frente a un Estado con menor intervención.[40] Como bien indica Tanaka (1999), este viraje no parecía ser uno más del tipo pendular descrito por Gonzales de Olarte y Samamé (1991), sino que los cambios en el entorno internacional, la interdependencia y globalización, la caída del bloque soviético y el fracaso de las experiencias populistas hacían muy difícil un proyecto alterno, en tanto ya no existía la disputa sobre grandes principios de organización que había marcado el siglo XX.

Para estas reformas del Estado, y sin una base consolidada, Fujimori se apoyó en tecnócratas y burócratas conocedores de la gestión pública. De ahí que en su ascenso, se catalogase a estos economistas como "las estrellas de la crisis" (Conaghan 1998). La siempre importante existencia de un equipo económico de corte liberal con un respaldo político constante para emprender reformas de ajuste estructural (Conaghan et ál. 1990; Waterbury 1992) se reflejó en el apoyo de Fujimori al Instituto Libertad y Democracia (ILD), creado por Hernando de Soto, como una plataforma para captar economistas para la gestión pública (Mauceri 1997).[41] Las redes del ILD se volvieron cruciales para contratar a economistas que se encargaran del ajuste. Carlos Boloña lo describe claramente al contar que De Soto sirvió de mediador entre él y Fujimori en repetidas ocasiones,

---

40. Para más detalles del ajuste estructural, véase Abusada et ál. 2000, Saavedra y Pasco-Font 2001 y Gonzales de Olarte 1998, entre otros.

41. Junto con el ILD, varios economistas se organizan o son incluidos en *think tanks* en los que priman temas de política económica, tales como Apoyo, Macroconsult, Grade o el Instituto Peruano de Economía (IPE); ellos serán muy importantes en las discusiones económicas del periodo. Véase Hesselroth 2006 o Durand 2011.

antes de que este asumiera la Presidencia.[42] Si bien tras un periodo de gran autonomía entre 1990 y 1993 la influencia de los tecnócratas se redujo a fines del fujimorato (Arce 2003), estos profesionales lograron conservar una posición privilegiada en el aparato público tras el retorno a la democracia.

En la coyuntura de los años noventa, los tecnócratas entendieron su misión como la de asegurar un manejo prudente de las cuentas fiscales y reestructurar la economía hacia una mayor liberalización del mercado, otorgando más peso a la iniciativa privada. Estos economistas, coincidiendo con las instituciones financieras internacionales, querían reordenar el Estado según preceptos neoliberales, reduciendo su papel en la economía (Mauceri 1997). Un hito en ese sentido fue la obra titulada *La reforma incompleta. Rescatando los noventa*, publicada por el Instituto Peruano de Economía en el año 2000, cuyos dos volúmenes de un total de más de mil páginas se reducían a explicar la necesidad de extender la liberalización a cada vez más sectores (Abusada et ál. 2000).

Para los dos objetivos —cuentas fiscales y liberalización—, fortalecer a entidades clave como el MEF y el Banco Central de Reserva resultaba primordial. Así, ambas se consolidaron institucionalmente como las guardianas del manejo responsable de las cuentas macroeconómicas. Como nos cuenta *Luis*, especialista del MEF, "[...] mis amigos, compañeros del BID o el FMI, me dicen hasta en broma 'oye, ustedes ya son excesivamente responsables'. Les parece sorprendente. Yo creo, les digo, que los ochenta fueron tan fuertes que nos dejaron como escaldados".[43] De este modo, a partir de una alianza entre tecnócratas y secretarios generales en el Ejecutivo, estos actores se encargaron de

---

42. "Boloña: el ortodoxo", entrevista a Carlos Boloña, Caretas, n.° 1587, Lima, septiembre de 1999. Disponible en: <http://caretas.pe/1999/1587/bolona/bolona.htm> (última visita: 22/04/16). Véase también Boloña 1993.

43. Entrevista a funcionario del MEF, Lima, 20 de junio de 2016.

que el consenso tecnocrático se mantuviera en el país, empoderados como los que aseguraban los mejores indicadores económicos (Vergara y Encinas 2016).

Sin embargo, los tecnócratas del gobierno de Ollanta Humala ya no tuvieron necesariamente como principal tema de agenda la reducción del tamaño del Estado y la liberalización de los mercados. Tras diez años de ajuste, el cambio de siglo mostró cierta división entre quienes entendían las reformas de segunda generación como una progresiva liberalización hacia más mercados y quienes consideraban que se requería retroceder ligeramente en esta tendencia. Si la comunidad de economistas coincidía en el año 2000 con el Instituto Peruano de Economía, actualmente los tecnócratas, sin estar completamente en desacuerdo, sienten más confianza en el papel de Estado. Como señaló Piero Ghezzi al asumir la cartera de la Producción, "[...] el sector privado tiene que entender que se necesita un Estado fuerte y eficiente para lograr el desarrollo. Y eso no se limita a destrabar trámites".[44] La diferencia es relevante porque la agenda tecnocrática de los años noventa no ha desaparecido: se mantiene entre líderes de opinión y en sectores significativos de la prensa política. Así, es importante resaltar que estos tecnócratas ya no defienden la liberalización dogmática que otras voces propugnan.[45] Más bien, el libro de Ghezzi y Gallardo (2013) del que hablamos sostiene que no es tan obvio que el Perú esté en la senda del desarrollo y que se requiere emprender reformas en las que el Estado sea un agente relevante.

44. Entrevista a Piero Ghezzi, *La República*, 9 de marzo de 2014. Disponible en: <http://larepublica.pe/09-03-2014/el-sector-privado-debe-entender-que-el-estado-debe-ser-fuerte> (última visita: 23/05/16).

45. Asimismo, algunos que se oponen a los planteamientos neoliberales suelen equiparar a los tecnócratas actuales con voces dogmáticas o considerarlos como una mera continuidad con respecto a los años noventa, sin considerar que hay cambios que no se pueden desdeñar.

Ya en el Gobierno, especialmente claros han sido los casos de Piero Ghezzi y Jaime Saavedra abogando por un Estado más grande desde distintas tribunas. Saavedra fue quien "rompió el molde" al plantear lo siguiente:

> Si queremos ser un país desarrollado, inevitablemente el tamaño del Estado debe ser mayor que el 18% actual. Es evidente que miles de peruanos no tienen acceso a condiciones básicas en salud, educación y seguridad [...] todavía hay millones de peruanos que no reciben los servicios a los que tienen derecho, o que los reciben sin la calidad apropiada. Alguien diría que se puede lograr una cobertura de alta calidad en todos los servicios con el mismo presupuesto, pero con mayor eficiencia. Eso es imposible. Siempre se puede ser más eficiente, pero no podemos lograr lo que necesitamos simplemente con más eficiencia.[46]

En el mismo sentido, Alonso Segura valora que el gobierno humalista haya supuestamente acabado con el "piloto automático" y desbaratado el mito de que el crecimiento por sí solo reduce la pobreza. Indica, asimismo, que "[...] otro mito es que el Estado tiene que ser pequeño, pero en el Perú es demasiado pequeño". Según Segura, se requieren más fondos para llevar al Estado a la dimensión óptima.[47] Ghezzi, por su parte, señala como un gran error asumir que el Estado no debe inmiscuirse o pueda mantenerse neutral en materia económica. En realidad, según Ghezzi, junto con la reducción de trabas

---

46. "Si la queremos hacer como país", columna de Jaime Saavedra, *El Comercio*, 5 de junio de 2016. Véase también la entrevista a Saavedra en *Punto Final* (con Nicolás Lúcar), 3 de julio de 2016, y la entrevista a Jaime Saavedra en Radio Capital, 16 de febrero de 2016.

47. Entrevista a Alonso Segura, Piero Ghezzi y Jaime Saavedra, *El Comercio*, 24 de julio de 2016. Véase también la presentación de Alonso Segura, "Legado, transición y retos pendientes de la agenda económica" en el seminario "Viernes económico PUCP", Lima, 10 de junio de 2016. Disponible en: <http://departamento.pucp.edu.pe/economia/charlas-y-conferencias/legado-transicion-y-retos-pendientes-de-la-agenda-economica/> (última visita: 17/06/16).

burocráticas, el Estado debiera involucrarse y coordinar con sectores específicos del sector privado para resolver las fallas que puedan obstaculizar su despliegue.[48] Actores de la Academia y la prensa también han acompañado estas propuestas. Hugo Ñopo, destacado economista de Grade con amplia experiencia en el BID, y David Rivera, director de la revista *Poder* y columnista semanal de *El Comercio*, son claros ejemplos de la defensa de un mayor rol del Estado en la economía.[49] Rivera opina que el problema del Perú es tener un Estado muy pequeño, que no responde a las demandas de la gente, y que las reformas en curso van en la dirección correcta al tratar de estimular la actividad económica.[50] Esta mezcla de Academia, prensa y economistas en el Estado nos recuerda el papel de la *advocacy coalitions* de corte reformista, que busca posicionar iniciativas en curso.

Este moderado cambio de orientación no sería exclusivo de los tecnócratas del gobierno de Humala, sino una tendencia de la región e, incluso, global. Si bien sectores con gran exposición mediática se niegan a reconocerlo, la tendencia ha avanzado hacia esa dirección y es la que se defiende en los ministerios de nuestro estudio. Economistas de gran prestigio y que no son radicales, como Ricardo Hausman y Dani Rodrik (2003) y Acemoglu y Robinson (2012), han venido señalando que la productividad —eje fundamental del crecimiento— requiere de un Estado que resuelva las fallas de coordinación que se ocasionan en el sector privado, y

---

48. "La diferencia está en los detalles", columna de Piero Ghezzi, *El Comercio*, 14 de marzo de 2016.

49. Véase, por ejemplo, "Haciendo política educativa desde el MEF", columna de Hugo Ñopo, *El Comercio*, 16 de marzo de 2016. Véase también la entrevista a Hugo Ñopo en Chicharrón de Prensa, cap. 53, Lima, 3 de julio de 2016. Disponible en: <https://www.youtube.com/watch?list=PL7TkSou-qd6-GL66OKnlqH5B5FJKTPTBV&v=Qag2HVsNoyw> (última visita: 10/07/16).

50. "Hasta que...", columna de David Rivera, *El Comercio*, 1 de marzo de 2016. "Del hacha al bisturí", columna de David Rivera, *El Comercio*, 21 de junio de 2016.

que un Estado débil puede ser sumamente dañino al no poder asegurar la consolidación de instituciones necesarias para el crecimiento. De hecho, la teoría económica que presta más atención a las instituciones o a la información imperfecta habría contribuido en ese sentido (Lapavitsas 2005). Incluso las instituciones financieras internacionales se han vuelto más críticas con la política de liberalización a ultranza. Por citar solo dos casos, el informe del Banco Mundial de 2011 sobre las perspectivas del desarrollo económico en el Perú planteaba que se debiera tener como ejes el enfrentar la pobreza y la desigualdad el acceso a los servicios básicos y la sostenibilidad ambiental a partir de la iniciativa estatal (Banco Mundial 2011). Aún más interesante es que en un reciente informe bastante polémico, investigadores del propio FMI han criticado las expectativas puestas en las políticas neoliberales, llamando a un mayor equilibrio con la iniciativa estatal (con un mayor control del flujo de capitales, por ejemplo) (Ostry, Laungani y Furceri 2016).

Esta moderación en los postulados de libre mercado puede también observarse en las entrevistas y cuestionarios realizados a los grupos más jóvenes de economistas. Para empezar, lejos de plantear que fue el Estado el único responsable de la crisis de los años ochenta, la mayoría señala que debe considerarse también el contexto externo y algunos problemas más estructurales para explicarla. Incluso, casi todos los entrevistados de PRODUCE aseguran que en esos años sí se tuvo una agenda política de diversificación productiva, pero que esta luego desapareció del debate.

En lo que se refiere a extender la liberalización a más sectores, las opiniones se dividen. La mitad de nuestros entrevistados señala que esto es necesario, aunque en este grupo se puede identificar dos posturas. Por un lado, se tiene a aquellos que defienden el mercado como el "asignador" más eficiente de por sí; por otro, a los que plantean que esto debiera ser pasajero, solo mientras el Estado va mejorando sus capacidades; en los términos de *Carmen*, "[...] no digo que nunca podamos hacerlo, no digo que todo se deba privatizar, pero sí creo que todavía nos falta aprender a manejar mejor las cosas, que es algo que podemos aprender de la empresa privada".[51]

La otra mitad de nuestros entrevistados se opone a la progresiva liberalización de la economía. Si bien tenemos un caso particularmente explícito que, parecido a lo dicho de las instituciones financieras internacionales, señala que "[...] esos ajustes estructurales fueron demasiado lejos, las propias instituciones desde hace unos años están reconociendo que fueron muy lejos, que se les pasó la mano",[52] la mayoría son más moderados. Más bien, plantean que es importante realizar un análisis sector por sector, para determinar si se debiera extender la liberalización o si, por el contrario, se necesita un rol regulador más fuerte. De este modo, es interesante notar que no hay un consenso marcado o una convergencia ideológica en torno a la liberalización. Por ejemplo, al hablar sobre el fallido intento de promulgación de la ley N.° 30288 —Ley de régimen laboral juvenil—, las posiciones fueron desde una férrea defensa de esta norma hasta una fuerte oposición. Sin embargo, en general, las visiones más pragmáticas son las que priman, y los defensores radicales del libre mercado son la minoría.[53] De hecho, es notable que los jóvenes tecnócratas tengan una muy alta valoración de las reformas en curso en cada uno de sus sectores, que dan un mayor protagonismo al Estado, indicando que son temas que habían desaparecido del debate y que deben seguir discutiéndose en los próximos años.

En gran medida, ello se debería a la visión de Estado que se propugna. Desde su perspectiva, el Estado debiera velar activamente

51. Entrevista a *Carmen*, funcionaria del MEF, Lima, 4 de julio de 2016.

52. Entrevista a *José Luis*, funcionario del MINEDU, Lima, 7 de julio de 2016.

53. Debe decirse que en este caso notamos al MEF como un ejemplo especial de mayor apego a la liberalización que el resto de ministerios, cuya posición era bastante más ambigua.

por reducir la pobreza, proveer servicios básicos a la población y cerrar las brechas en las condiciones de vida; se trataría de facilitar todo lo que permita el desenvolvimiento óptimo de la población. Frente a un sector que plantea que la única manera de mejorar estos aspectos es a través del crecimiento económico, es decir, que "[...] la dicotomía de incluir para crecer no tiene ningún sentido. La fórmula es crecer, progresar como país y luego incluir",[54] estos especialistas jóvenes sí advierten la necesidad de que el Estado asuma un rol más activo para que las brechas se reduzcan.

Aunado a ello, la segunda tarea del Estado consistiría en facilitar que los mercados funcionen de forma óptima. En general se sostiene, como lo hace *César*, del MIDIS, que

> [...] los mercados no tienen ese comportamiento ideal y necesariamente tiene que haber una suerte de regulación o control para poder tratar de alcanzar ese nivel que se alcanzaría en cuestiones ideales [...] ningún país ha dejado totalmente libre sus mercados, siempre hay intervención; se cometen errores, sí, pero es necesaria la intervención del Estado.[55]

En el caso de los jóvenes de PRODUCE, parecen coincidir claramente con esta tendencia —que es la del Plan Nacional de Diversificación Productiva—, ya que sostienen que se deberían identificar los cuellos de botella que obstaculizan el resultado óptimo del mercado y, a partir de la iniciativa estatal, tender puentes entre privados. Incluso plantean la necesidad de "crear mercados" cuando ello sea pertinente.[56] Así, resulta interesante comprobar que la idea del

54. Entrevista a Roberto Abusada, *El Comercio*, 26 de abril de 2016.

55. Entrevista a *César*, funcionario del MIDIS, Lima, 19 de julio de 2016.

56. Esta participación continua, pero indirecta, es también la asumida por varios proyectos de desarrollo de cooperación internacional, que promueven un rol de facilitación de mercados autosostenibles antes que una ayuda directa a la población en condiciones precarias.

Estado como un potencial aliado de los mercados —y ya no como un obstáculo para la inversión privada— ha permeado en estas capas.

Los asistentes de investigación en economía también concuerdan con esta posición. Para ellos, las responsabilidades y atribuciones del Estado consistirían además en establecer las reglas de juego, resolver las fallas del mercado y asegurar las mismas oportunidades para el desarrollo a toda la población. En parte, esto tiene que ver con que reconocen que el mercado discrimina a mujeres y a grupos desfavorecidos, impidiendo un acceso equitativo a mercados clave, como el laboral. Asimismo, al hablar con este grupo sobre los postulados básicos de política económica, opinan que el Estado debe tener una mayor participación, más allá de sus funciones básicas de defensa, seguridad, justicia e infraestructura. Varios consideran, incluso, que los aranceles y las tarifas no son necesariamente negativos (14 casos), y algunos están de acuerdo con que el Estado controle los recursos naturales y estratégicos (9 casos).

Este carácter reformista tampoco debe exagerarse. La idea no es buscar transformaciones profundas, sino ir avanzando a través de pequeñas medidas, de "una suma de cambios micro", a manera de "cambios incrementales" para optimizar la capacidad del Estado en materia económica.[57] Para la mayoría de estos tecnócratas (tanto los consolidados como los jóvenes), el Estado no debe controlar recursos estratégicos o fomentar ciertas actividades económicas, sino resolver las descoordinaciones que existen entre el sector privado y el público. Si bien defienden las reformas en curso, consideran que estas debieran darse en los márgenes de los avances de los últimos 25 años y a partir de modificaciones graduales. *Carmen*, por

57. De nuevo, esto se nota claramente en Ghezzi y Gallardo (2013). Véase también la entrevista a Piero Ghezzi en Chicharrón de Prensa, cap. 52, 25 de junio de 2016. Es muy clara la defensa del planteamiento en "Del hacha al bisturí", columna de David Rivera, *El Comercio*, 21 de junio de 2016.

citar un caso, indica que "[...] ya es momento de empezar a girar un poquito el timón de cambio, no creo que completamente; creo que estamos en la senda correcta, pero sí hay cosas que ya se deben ir mejorando, cambiando, priorizando".[58] En el mismo sentido, en defensa del Plan Nacional de Diversificación Productiva —bastante moderado, incluso si se lo compara con iniciativas similares de países vecinos, como la Agenda de Productividad, Innovación y Crecimiento de Chile—, Ghezzi sostiene que no es un plan agresivo, sino para identificar fallas concretas (escuchando al sector privado) y resolverlas a pequeña escala; señala, incluso, que "[...] esa es la diferencia entre la diversificación productiva y políticas erradas del pasado".[59] Los jóvenes especialistas, por su parte, también se muestran de acuerdo con el Plan, en tanto su rol es agilizar, más que establecer una intervención directa en la economía.

Salvo dos casos en los que se planteó que el Estado podía ser un empresario más, promover el despliegue de ciertas industrias y estar "en todos lados",[60] la mayoría considera que no debe ir más allá de asegurar las condiciones básicas y resolver las fallas del mercado. Se trata de una visión que combina los postulados neoliberales acerca de favorecer la iniciativa privada con el enfoque de desarrollo de capacidades de Amartya Sen. La idea sería, entonces, resolver estos problemas concretos de manera localizada, para que una vez que se consiga cierto grado básico de igualdad de oportunidades, sea el propio despliegue del individuo, dentro de los mecanismos de mercado, el que defina su posición en la sociedad. De esta forma, se sostiene que "[...] el Estado en un largo plazo debe ser lo más mínimo posible, pero mientras que existan esas brechas debe existir un Estado fuerte,

---

58. Entrevista a *Carmen*, funcionaria del MEF, Lima, 4 de julio de 2016.

59. Entrevista a Piero Ghezzi en *La Hora N* (con Jaime de Althaus), 17 de diciembre de 2016.

60 Entrevistas a funcionario del Midis, *Ramón*, y funcionario del Minedu, *Gonzalo*.

que te ayude a cerrarlas de una manera inteligente y a lograr formar, enseñarle a la gente a pescar".[61] Como vemos, más allá de lo que respecta a las necesidades básicas, no se oponen a transferir al individuo —en tanto *Homo economicus*— toda la responsabilidad sobre su desempeño en la sociedad, como un ente autosuficiente que no debe ser afectado por la acción del Estado (Foucault 2007).

Estos tecnócratas se ven más centristas, y aquí también los definimos así, por el espectro que se percibe en lo que se refiere a posturas hacia la liberalización, que incluye a sectores con gran exposición mediática que abogan por una liberalización extrema. Por ejemplo, el debate sobre la creación del Plan Nacional de Diversificación Productiva generó reacciones exacerbadas, al punto de acusarlo de ser un "lapsus marxista", un retorno a la política de *picking-winners* o un intento de dirigir "científicamente" las decisiones del sector privado desde el Estado.[62] Del mismo modo, diarios como *El Comercio* —a través de sus editoriales y de la mayoría de sus columnistas— proponen como principal agenda económica la reducción de trabas burocráticas y la liberalización de los mercados. En la revisión que hicimos de lo publicado el primer semestre del 2016, no hubo semana en la que no hubiese por lo menos dos columnas en esa dirección. Se plantea regularmente que no debe ampliarse la presencia del Estado para apuntalar el crecimiento, que políticas como el ordenamiento territorial son una quimera inefectiva de planificación centralizada, que incluso la seguridad ciudadana debiera privatizarse y, sobre todo, que hay que destrabar proyectos mineros

---

61 Entrevista a *Paolo*, funcionario del MEF, Lima, 8 de julio de 2016.

62. Tan solo en el lapso de diez días, véase en *El Comercio*: "¿Para qué un plan industrial?", columna de Iván Alonso, 23 de mayo de 2014; "La ilusión de planificar", columna de Franco Giuffra, 29 de mayo de 2016; "La tiranía de los expertos", columna de Iván Vásquez, 24 de mayo de 2016; "El gorila invisible", columna de Luis Carranza, 27 de mayo de 2016; y "El ministerio de los adivinos", editorial, 20 de mayo de 2016.

y reducir trámites estatales como principal instrumento de corto plazo para generar crecimiento y desarrollo.[63] De este modo, que la gran mayoría de nuestros entrevistados (salvo tres) se muestren a favor de procesos como la consulta previa ya es suficiente para colocarlos en el centro del espectro ideológico.

El asunto es que la discusión de política económica en la prensa peruana parece marcada —salvo raras excepciones— por un bloque liberal a ultranza, y por otro, también liberal, pero que concede cierta importancia al Estado. De hecho, las entrevistas televisivas a tecnócratas de nuestro estudio de las que contamos con registro muestran a un conductor con mucho más "dogmatismo liberalizador" que su entrevistado. Se trata de un debate ya superado en casi todos los países donde se han aplicado reformas estructurales, pero que se mantiene en el Perú a través de voces que en otros contextos no tendrían el mismo grado de exposición o cuya opinión, por lo menos, no sería tan relevante. Como explica David Rivera, "[...] este debate, que otros países liberales ya superaron hace décadas, en el Perú sigue generando escozor en cuatro gatos con mucha influencia en medios".[64] Si bien hay voces disonantes en la prensa, son bastante menos numerosas o su volumen no se compara con el de las voces en esta dirección liberalizadora.[65] De este modo, se debe

---

63. "Elecciones ¿destruirán la economía", columna de Juan José Marthans, *El Comercio*, 12 de abril de 2016; "Lo que pide la gente", columna de Gianfranco Castagnola, *El Comercio*, 29 de abril de 2016; "Ordenamiento territorial", columna de Iván Alonso, *El Comercio*, 8 de abril de 2016; "Economía de la inseguridad", columna de Carlos Adrianzén, *El Comercio*, 25 de mayo de 2016; "El Pacto de Lima", columna de Cecilia Blume, *El Comercio*, 23 de mayo de 2016. Son solo unos pocos ejemplos de un discurso regular. Véase también: "La gran oportunidad pos primera vuelta", columna de José Carlos Saavedra (director de Análisis Macroeconómico de Apoyo), *El Comercio*, 24 de abril de 2016.

64. "Sutilezas", columna de David Rivera, *El Comercio*, 26 de abril de 2016.

65. Véase las columnas de Humberto Campodónico en *La República*; algunos ejemplos en las ediciones del 4 de enero de 2016, 1 de febrero de 2016, 4

reconocer el esfuerzo que representa implantar reformas cuando ellas generan reacciones tan abrumadoras y recurrentes.

Sobre lo anterior, pocas veces se ha visto un encuentro tan diáfano y relevante como el de Bruno Giuffra —entonces conductor del programa *Mundo Empresarial* y luego ministro de la Producción al iniciarse el gobierno de Kuczynski— con Piero Ghezzi, ministro de la Producción en ese momento. Bruno Guiffra guía la entrevista en una dirección unívoca, casi como un listado de quejas contra el Estado: el exceso de trabas burocráticas, reclamando que "[...] después aparecieron estos estudios de impacto ambiental [...] esa es una traba severa también"; la gran reforma laboral que quedó pendiente, desaprovechando la oportunidad de la denominada "Ley Pulpín", que era una iniciativa óptima para los jóvenes que "[...] podrían hasta estar pagando por la capacitación y qué mejor que hacerlo en la empresa"; planteando como propuesta de formalización de las mypes: "¿Por qué no tener libertad absoluta de contratación, despido, reducción, aumento, incremento de personal sin ningún costo los primeros dos años y las reglas están dadas así?"; y cuestionando la participación del Estado para mejorar la productividad de esta manera: "¿No crees que el mercado por sí solo tiene los suficientes buenos incentivos para ajustar eso y empezar a buscar las soluciones a la mejora de la productividad solo por la misma actividad del mercado?", "¿no vamos a una economía planificada?".[66]

Las respuestas de Ghezzi concuerdan en algunos de estos aspectos, como las ventajas de la "Ley Pulpín" o la mayor libertad en el

---

de abril de 2016, etc. El desequilibrio también debe explicarse a partir de la ausencia de un bloque consolidado que defienda la participación del Estado, es decir, la falta de líderes de opinión organizados en posiciones más cercanas a la izquierda del espectro ideológico.

66. Entrevista a Piero Ghezzi en *Rumbo Empresarial* (con Bruno Giuffra), Lima, 14 de marzo de 2015.

mercado laboral. No obstante, el entrevistado señala también que el Estado puede proveer incentivos a la innovación y critica el mercado tan exaltado por Giuffra:

> [...] el mercado no siempre te lleva a un buen equilibrio [...] el mercado te ha llevado a 0,12% en innovación, el mercado te ha llevado al tráfico que tenemos en Lima, el mercado te ha llevado a una educación paupérrima, privada también. Entonces, el mercado no siempre funciona; el mercado casi siempre funciona, pero algunas veces hay que acompañar al mercado para trabajar juntos".[67]

Así, estas críticas al mercado, aunque bastante moderadas (se refiere a un acompañamiento del Estado solo en contextos concretos en los que falla el mercado), le otorgan una imagen de reformista, reforzada por el dogmatismo de su interlocutor.

Lo que hemos querido resaltar aquí es que la tecnocracia no parece encontrarse en un afán de extender la liberalización del mercado. Más bien, los tecnócratas del periodo humalista y las nuevas generaciones muestran una posición similar en el espectro ideológico, una postura bastante más moderada y pragmática que los segmentos liberales que primaban en la política pública de los años noventa, y que aún conservan una gran exposición en el espacio público. En realidad, estarían yendo acordes a una tendencia mundial que reconoce la importancia del Estado y de las reformas para mejorar el desempeño económico en los diferentes contextos donde el mercado no funciona.

Esta sección habría sido totalmente innecesaria en la mayoría de países de la región y en los países "desarrollados" por ser redundante y evidente, pero no lo es en el Perú, donde un núcleo de actores se rehúsa a aceptar que el libre mercado por sí solo no es la

---

67. Ibíd.

panacea que se pensó en algún momento. Por eso es importante señalar que los actores clave de la política pública peruana del último lustro y la nueva generación de economistas vinculados a la gestión pública ya reconocen el rol de la iniciativa estatal en la economía.

La inacabable búsqueda de eficiencia: la despolitización del Estado

Que hayamos planteado que la comunidad epistémica de economistas vinculados a la política pública del último lustro no es una férrea defensora del libre mercado —al grado de los sectores más ortodoxos— no implica que no pueda ser catalogada como neoliberal. Como hemos visto, el neoliberalismo es mucho más que un conjunto de preceptos de política económica. En realidad, se trata de imponer la lógica de mercado y la racionalidad del *Homo economicus* a todas las esferas de la vida humana, considerando cada una de ellas en función de un costo-beneficio y de soluciones que maximicen su eficiencia. Una de las instancias donde esto es más tangible es la del funcionamiento del Estado. Así, no se trata solo de velar porque el Estado no se inmiscuya en las supuestas fuerzas naturales que guían al mercado, sino también de que la lógica del aparato público se mida de acuerdo con los criterios de eficiencia del mercado y manejo empresarial.

Si bien hemos explicado que hay posturas disímiles sobre el conveniente grado de intervención del Estado en la economía, la convergencia tecnocrática radica en la constante búsqueda de eficiencia en los dispositivos de gobierno. Recordando a Centeno y Wolfson (1997), lo que une a este grupo es la fe en la aplicación de herramientas técnicas y criterios de medición como el elemento fundamental para mejorar el desempeño del Estado. Según esta visión, el eje de la función pública no es representar a la población o ser la entidad que condense las fuerzas sociales del país. El Estado debe, sobre todo, resolver problemas eficientemente. Es introducir a la población nacional en una función que debe maximizarse, sujeta a un conjunto de restricciones —equivalente a la solución de un problema de elección del consumidor— sobre la base del conocimiento técnico-científico. Antes de pasar a este análisis, hay que resaltar que tan solo en dos casos se mencionó el representar a la ciudadanía como una responsabilidad del Estado. En contraste, si bien durante las entrevistas se hacían preguntas relacionadas directamente con la eficiencia en la gestión pública, en la mitad de los casos se hizo referencia a la necesidad de promover la eficiencia como un atributo fundamental del aparato público antes de tratar directamente estas cuestiones. Es precisamente eficiencia lo que ofrece la tecnocracia y lo que esperan de ella quienes la convocan. De ahí la pertinencia del epígrafe de Cayetana Aljovín que encabeza este artículo: "Sé sobre gestión...".

La eficiencia, entonces, es el eje central de las propuestas de mejora en la provisión de servicios públicos. Para empezar, debe decirse que ella también es mencionada continuamente por el segmento que defiende la liberalización a ultranza. No obstante, para este grupo, la cuestión gira (como siempre) en torno a la reducción de "la maraña de trámites", el "exceso normativo", la "sobrerregulación que agobia a las pequeñas y medianas empresas" y la "[...] burocratización de procesos administrativos que ahogan al sector público".[68] Para este segmento, además, el llamado a la eficiencia es autónomo de reformas trascendentes en materia

68. "Big-push desperdiciado", columna de Roberto Abusada, *El Comercio*, 9 de febrero de 2016; "Pensar rápido", columna de Richard Webb, *El Comercio*, 21 de febrero de 2016; "Receta para aumentar la pobreza", columna de Jaime de Althaus, *El Comercio*, 8 de abril de 2016; "Desafíos versus planes: una gran brecha", columna de Gianfranco Castagnola, *El Comercio*, 23 de marzo de 2016. Estos son solo algunos ejemplos (que, por cierto, se dan todos en el lapso de un mes). Para más ejemplos de *El Comercio*, véanse prácticamente todas las columnas de Franco Giuffra, Carlos Adrianzén e Iván Alonso.

económica. En medio de las elecciones, por ejemplo, la revista *Semana Económica* publicaba que "[...] a diferencia del pasado, no está tanto en juego la continuidad de los lineamientos económicos, sino la capacidad de gestión pública y administración del Estado en su conjunto";[69] "[...] los peruanos quieren un Estado más eficiente, no un modelo económico opuesto a lo actual, y el manejo económico estable de los últimos años ha apaciguado el deseo de un cambio radical".[70]

Desde el último gobierno, si bien con un sentido que no es necesariamente el mismo, para los tecnócratas la eficiencia es también un elemento neurálgico en la mejora del aparato estatal. Por un lado, se comparte la idea de que es necesario reducir las trabas burocráticas. Desde sus respectivos ministerios, Segura y Ghezzi resaltaban que se ha avanzado en reducir la tramitología con iniciativas como las de contar con un equipo de destrabe en el MEF, con una comisión de eliminación de barras burocráticas en el Instituto Nacional de Defensa de la Competencia y de la Protección de la Propiedad Intelectual (INDECOPI), o con las propias mesas de trabajo del Plan Nacional de Diversificación Productiva.[71] Para los jóvenes tecnócratas que trabajan en un ministerio, las trabas burocráticas son también una de sus principales preocupaciones. Una queja frecuente es el exceso de trámites, pues alarga los procesos, genera descoordinaciones constantes y desincentiva al funcionario, quien, más allá de sus buenas intenciones, sabe que tendrá que enfrentarse a una maraña burocrática que lo maniata.

---

69. "Elecciones, cambio de gobierno y economía", columna de Guillermo Arbe Carbonel, *Semana Económica*, 13 de marzo de 2016.

70. Informe de elecciones 2016, *Semana Económica*, 10 de abril de 2016.

71. Entrevista a Alonso Segura, *Poder*, junio de 2016; entrevista a Alonso Segura en *La Hora N* (con Jaime de Althaus), 15 de febrero de 2016; entrevista a Piero Ghezzi, *TV Perú Noticias*, 20 de julio de 2016.

Si bien hay algunas iniciativas en curso para reducir la plana burocrática tradicional —un punto casi de consenso entre los tecnócratas—, es poco lo que se ha logrado aún en la práctica.[72] Este tema parece ser todavía secundario frente a otros que se consideran centrales para la reforma del Estado. Las iniciativas que buscan una mayor eficiencia en la gestión pública más bien han priorizado mecanismos que, sin alterar demasiado la estructura estatal, racionalicen el manejo del presupuesto. Como plantean varios de los entrevistados, la eficiencia no debe entenderse necesariamente como una cuestión de rapidez, sino de calidad del gasto público y de la función pública en general. Si se trata de acercar el Estado al ciudadano —un tema tan recurrente como gaseoso en la prensa—, ello debe hacerse a partir de la medición, información y evidencia que favorezcan un desempeño más racionalizado. En la prensa, Juan José Marthans, por ejemplo, deja especialmente claro cómo debe hacerse esto:

> No podemos administrar recursos eficientemente sin métricas para evaluar su progreso, sin técnicas modernas de administración de proyectos y sin rendimiento de cuentas. La lógica sobre la que se desenvuelve la buena gobernanza de las mejores empresas hay que trasladarla al Estado [...]. Es recomendable que el ministro de Economía, por ejemplo, conozca y haya sido exitoso en la gestión de recursos en el mundo privado. El problema del MEF es de capacidad de gestión, no de teoría económica básica.[73]

---

72. En realidad, este parece ser un punto que demuestra los límites de la influencia tecnocrática, puesto que lo conciben como un aspecto sobre el cual es poco lo que pueden hacer, un elemento de inercia del Estado que difícilmente se eliminará en el corto plazo.

73. "Economía, elecciones y esperanza", columna de Juan José Marthans, *El Comercio*, 24 de mayo de 2016.

Una cuestión que se desprende de lo anterior es el énfasis en la denominada nueva gerencia pública (*new public management*), cuya premisa central es que la incorporación de criterios empresariales y, en general, del sector privado como modelo resultan fundamentales para enfrentar la inherente ineficiencia de la burocracia (Hood 1991). Así, los defensores de esta corriente –que data del fin de la Segunda Guerra Mundial– sostienen que "[...] el gobierno democrático mejoraría si se adoptaran más rasgos de la centralizada y jerárquica empresa moderna y si se encargaran de las tareas administrativas gerentes mejor formados. Los administradores expertos tomarían decisiones no ya sobre el patronazgo sino según criterios de competencia y eficiencia" (Smith 1994: 71). De este modo, para mejorar el desempeño del Estado, los servicios públicos deberían proveerse importando conceptos, lógicas, técnicas y valores empresariales; el ciudadano sería como un cliente al que hay que satisfacer (Pollit 2007). La planificación empresarial, la satisfacción del cliente, la preferencia por los mecanismos de mercado y la medición continua del desempeño serían, entre otros, algunos de los dispositivos que habría que incluir según esta corriente.

De nuestros entrevistados, 20 de los 24 consideran compatible y deseable incorporar ese tipo de criterio empresarial, aunque no necesariamente coinciden en cuál.[74] Es interesante comprobar que quienes más propenden a esta lógica son aquellos con experiencia en el sector empresarial, lo que evidencia que este es uno de los efectos de la rotación de tecnócratas entre el sector privado y el público. Uno de ellos, *Eduardo*, economista de PRODUCE, es un caso especialmente interesante, pues abogaba por incluir aspectos

74. En los otros casos, se planteaba que era muy complicado, ya que el sector privado y el público tenían objetivos radicalmente diferentes.

empresariales en la gestión del Estado y hablaba directamente de satisfacer a "clientes":

> [...] Al final nuestros clientes finales son las mypes y tenemos que, como si fuera una empresa, ver qué tanta satisfacción les hemos dejado. Me parece que muchas cosas del sector privado podríamos aprender en términos del cliente final, en evaluar clientes, en fidelizar clientes, incluso, para que se crea el Estado como una agencia que promueve y facilita.[75]

La mayoría de los casos, sin embargo, valora especialmente la organización, logística y gestión de recursos humanos de las empresas. Sobre este último punto, el problema de la administración pública estaría en que los funcionarios no tienen metas u objetivos claros, tampoco criterios de medición de desempeño ni incentivos para mejorarlo, lo que es fundamental para lograr eficiencia. Junto con ello, el sector público carece de una comunicación interna fluida, tanto entre los diferentes ministerios como dentro de cada uno de ellos. El flujo de información es especialmente crítico, ya que parece haber mucho recelo entre sectores: se teme que la información de un sector sea compartida con otros, o de permitirlo, los trámites son numerosos. Por último, la estructura organizacional también evidencia serios problemas: superposición de funciones, regulaciones que lentifican los trámites y entidades que operan sin considerar su funcionalidad en el aparato estatal como un todo, que son en cambio aspectos que una gerencia empresarial siempre evita. Con ello, es clara la propuesta de que el aparato estatal debería incluir procedimientos y objetivos del sector privado para mejorar su desempeño.

---

75. Entrevista a *Eduardo*, funcionario de Produce, Lima, 26 de mayo de 2016.

Siguiendo esta lógica, un aspecto fundamental sería el de definir las políticas y la asignación presupuestal partiendo de evidencia empírica y de criterios estandarizados de evaluación que aseguren el logro de los resultados esperados. Esta no es, por cierto, una innovación del Perú. Más allá de haberse importado la idea del Sistema de Evaluación y Control de la Gestión del Ministerio de Hacienda chileno, es una lógica muy presente en los proyectos de desarrollo impulsados por multilaterales y organismos de cooperación internacional. Las intervenciones del Banco Mundial, por ejemplo, se piensan a partir de un conjunto de indicadores de los resultados que se quieren conseguir, los cuales se plantean a priori relevantes para los problemas de la población y son susceptibles de ser medidos y evaluados objetivamente.[76] Este es también el modelo propugnado por la Organización para la Cooperación y el Desarrollo Económicos (OECD, por sus siglas en inglés) para vincular el presupuesto con metas concretas y estratégicas, y en el que el acopio de información es fundamental para el ciclo de priorización presupuestal (OECD 1995, Pollit y Dan 2011).

En el país, el mecanismo predilecto de los últimos años ha sido el presupuesto por resultados (PpR), impulsado desde 2008 por el MEF. Se trata de mejorar el diseño y la asignación presupuestal a partir de una cadena lógica de insumos-actividades-productos-resultados para lograr una mayor efectividad en el uso de recursos públicos (Acuña et ál. 2012). Bajo esta lógica de definir políticas basadas en lo que se quiere conseguir o resolver, se maneja un conjunto de mecanismos, como el uso de información estadística para identificar problemas de la población, la priorización de las soluciones más

76. Es interesante que solo uno de los 21 asistentes de investigación de economía encuestados sobre este modelo en específico se mostraba en desacuerdo con él.

costo-eficientes a partir de evidencia empírica y en general un modo de pensar que concede más importancia a los objetivos de política concretos y a los resultados prácticos sobre la base de una certeza científica de lo que tendrá impacto. Hacia ello, la formulación del presupuesto por resultados incluye cuatro componentes: (i) programas presupuestales (unidad de formulación presupuestal bajo este enfoque de objetivos y resultados); (ii) seguimiento (recolección y análisis continuos de información); (iii) evaluaciones independientes, tanto de diseño como de impacto; e (iv) incentivos a la gestión.[77] De este modo, el presupuesto del Perú se concibe desde su diseño como un proceso enfocado a resolver problemas concretos y con un notable énfasis en la medición objetiva del desempeño de las iniciativas de recursos públicos.

Uno de los mayores consensos entre la tecnocracia es el que respecta al presupuesto por resultados, especialmente realzado por el MEF. Siendo ministro de Economía, Segura defendía como uno de los logros de su gestión el hecho de que más del 60% del presupuesto se asignase bajo el presupuesto por resultados, de manera que —aseguraba— ese mecanismo ya se estaba incorporando al "ADN del Estado".[78] El objetivo sería que esta lógica de generación de evidencia se expanda progresivamente a todos los sectores, incluido el más urgente de la inclusión social:

---

77. Véase: <http://www.mef.gob.pe/index.php?option=com_content&view=article&id=2221&Itemid=101547&lang=es> (última visita el 22/06/16). Gran parte de estas reflexiones también surgen de la presentación "Mejoramiento de la gestión pública a partir del presupuesto por resultados", de Gabriela Carrasco, exfuncionaria de la Dirección de Calidad del Presupuesto Público y actual analista de Apoyo Consultoría. IX Coloquio de Estudiantes de Economía de la PUCP, Lima, 23 de mayo de 2016.

78. Entrevista a Alonso Segura, Piero Ghezzi y Jaime Saavedra, *El Comercio*, 24 de julio de 2016. Véase también la entrevista a Alonso Segura en *Poder*, junio de 2016.

> Tiene que mejorarse la calidad de estos programas presupuestales, las evaluaciones de impacto, se tiene que ir buscando donde los programas pueden seguir logrando mejores resultados en la pobreza [...]. Lo que queremos es un Estado más ágil, más eficiente, que promueva la inversión, que promueva el trabajo.[79]

De hecho, la importancia que le asigna Segura al presupuesto por resultados es tal que, según *Carmen*, del MEF, "[...] el ministro pedía una reunión cada dos semanas o cada mes para ver los indicadores, o sea, él estaba muy preocupado de eso".[80] Esta es una iniciativa que también se ha desplegado en otros ministerios, como el MINEDU con los "compromisos de desempeño", mediante los cuales cada unidad de gestión educativa local (UGEL) tendría 21 metas fundamentales que cumplir, las cuales se presentan como indicadores que asegurarían una mejor provisión del servicio educativo.[81]

El entusiasmo por el presupuesto por resultados no es menor entre los tecnócratas junior, siendo uno de los temas de mayor aprobación en las entrevistas realizadas. Si bien se observa un mayor énfasis en el MEF, en todos los ministerios se lo concibe como una práctica que hay que expandir y profundizar. *Paolo*, quien trabaja en la Dirección de Calidad del Gasto Público del MEF, resalta la importancia de contar con una cadena de resultados basada en la identificación de cuellos de botella, la construcción técnica de indicadores y las posteriores evaluaciones de impacto. Así, "[...] si tú

---

79. "Legado, transición y retos pendientes en la agenda económica". Presentación de Alonso Segura en el "Viernes económico" de la PUCP. Disponible en: <http://departamento.pucp.edu.pe/economia/charlas-y-conferencias/legado-transicion-y-retos-pendientes-de-la-agenda-economica/> (última visita: 17/06/16).

80. Entrevista a *Carmen*, funcionaria del MEF, Lima, 4 de julio de 2016.

81. El listado de estos indicadores se encuentra en: <http://www.minedu.gob.pe/cdd/compromisos.php> (última visita: 24/06/16).

tienes una cadena de resultados clara, sabes lo que estás haciendo, sabes cuáles son tus insumos, tus actividades que transforman estos insumos en un producto que recibe la población, por ende sabes qué resultados puedes obtener en la población y qué impactos vas a generar en un plazo, sabes qué indicadores medir en paralelo y sabes cuáles son tus supuestos para que todo esto funcione".[82] De esta forma, se trata de pensar a partir de una suerte de marco lógico que incluya problemas, soluciones y mecanismos para asegurar que las iniciativas cumplan con criterios técnicos y eficientes. Lo que se comprueba con esto es la creencia de que si el proceso asociado al presupuesto por resultados se lleva a cabo adecuadamente, casi indefectiblemente el seguimiento y la evaluación continuos minimizarán los problemas que se suscitan cuando la política "aterriza" en la población. Por lo tanto, sería fundamental emplear los mecanismos de los que se dispone actualmente, que incluyen el acopio de información, los indicadores y las tablas o métodos que aseguren un resultado eficiente.

En el mismo sentido, casi todos los entrevistados destacan la importancia de una priorización de las políticas públicas basada en la evidencia, es decir, el hecho de que la asignación presupuestal no se haga "a dedo" sino que responda a pruebas claras de retorno de la inversión. En tanto se busca que el Estado opere eficientemente, tener pruebas de una maximización de los resultados a un costo menor —en clara analogía con el cálculo empresarial de maximización de beneficios— se concibe como la principal vía para lograrlo; es además interesante que todo mecanismo ajeno a esta lógica se vea como esoterismo, falta de seriedad o demagogia. En la mayoría de los casos se opina que hay que recoger las demandas de la población para diseñar políticas públicas, pero hay un énfasis

82. Entrevista a *Paolo*, funcionario del MEF, Lima, 8 de julio de 2016.

mucho mayor en acopiar continuamente información estadística e incorporar evidencia empírica que asegure que las intervenciones tendrán los impactos esperados. De este modo, como los recursos son limitados, "[...] hay que priorizar, y hay que priorizar bajo ciertos criterios, criterios que tienen que ser los más eficientemente posibles y no como que el alcalde vino o un congresista viene, te pide y te presiona; eso es tecnificar el Estado".[83] Los asistentes de investigación en economía de nuestro estudio concuerdan con lo anterior, en especial los de la Universidad del Pacífico. Así, consideran que incorporar evidencia empírica de la economía y de otras ciencias sociales, así como recoger información estadística de la población, puede ser más importante para diseñar mejores políticas públicas que responder a las demandas populares.

Entre las virtudes del presupuesto por resultados se menciona el tener una planificación a corto, mediano y largo plazo, porque cada intervención debe tener objetivos que cumplir en distintos horizontes temporales, junto con criterios de seguimiento para asegurar que esa iniciativa se está realizando. En cuanto a los programas presupuestales en sí mismos, se resalta que permiten organizar el presupuesto —pues aseguran que los fondos asignados no vayan a tocarse— y que otorgan predictibilidad a las políticas públicas. En otro nivel, este mecanismo en general tiene algo de simbólico, puesto que "[...] el mensaje que se quiere dar, y esperemos que así siempre sea, es que siempre se le va a dar presupuesto a las cosas que funcionan bien".[84] Así, se trata de un incentivo y recordatorio permanentes de que si se quiere obtener el presupuesto necesario para una determinada política, esta debe ajustarse a los criterios de eficiencia. Es, en realidad, un mecanismo para imponer y expandir esta

---

83. Entrevista a *Roberto*, funcionario del MTC, Lima, 2 de julio de 2016.

84. Entrevista a *Rafael*, funcionario del Midis, Lima, 14 de julio de 2016.

manera unívoca de concebir la acción estatal en todo ámbito donde el sector público pretende conseguir mejoras para la población.

Si bien el consenso es absoluto respecto de que se trata de una buena iniciativa del Gobierno, también se señalan algunas limitaciones. El tema más frecuentemente mencionado es que aún se deben afinar los indicadores, puesto que muchas veces no logran captar eficazmente los avances de las políticas en curso, y se quedan en generalidades macro o no consideran lo complicado que puede resultar medir indicadores de una información difícilmente cuantificable. El reclamo, paradójicamente, apunta a tecnificar el dispositivo para perfeccionarlo. El problema, muchas veces, tiene que ver con que el mecanismo desborda al MEF, pues implica un conocimiento profundo de cada sector; así, muchas veces se opta por poner candados en lugar de promover indicadores que podrían parecer laxos. Sin embargo, la crítica más fuerte —aunque no tan extendida— apunta a los efectos perversos de tener que cumplir resultados a rajatabla, como lo relata a partir de su experiencia *Maruja*, funcionaria de Produce:

> [...] La secretaria del ministro mismo es la que se encarga de ver si ha cumplido cada dirección con su presupuesto. Entonces, en mi dirección, por ejemplo, hoy día se vencía y faltaba gastar un montón de presupuesto, así que sacaban de donde sea las órdenes de tercero, sacaban de donde sea, cualquier cosa.[85]

No obstante, ninguna de estas son críticas al esquema en sí, sino a cómo se lo implementa, o a que se podrían tener mejores instrumentos técnicos. Así, pese a que se opina que hay que hacer ajustes, el presupuesto por resultados es considerado el mecanismo más eficiente con el que cuenta el Estado para determinar la asignación presupuestal y definir las políticas.

---

85. Entrevista a *Maruja*, funcionaria de Produce, Lima, 10 de junio de 2016.

Otra herramienta usual —y muy vinculada a la anterior— ha sido la provisión de incentivos a la gestión pública para obtener mejores resultados de las autoridades locales. En esa dirección, iniciativas en curso en el país son el Fondo de Estímulo al Desempeño del MIDIS y, especialmente, el Plan de Incentivos a la Mejora de la Gestión y Modernización Municipal, como parte del presupuesto por resultados que el MEF promueve intersectorialmente. Su finalidad es alentar que los recursos públicos se gestionen de acuerdo con ciertos objetivos priorizados por el Gobierno central, asegurándole un bono presupuestal a aquellas entidades que alcancen ciertas metas de gestión para moldear su desempeño. Estas metas buscan incentivar que se entregue efectivamente algún paquete de servicios básicos a la población (el caso del Fondo de Estímulo al Desempeño) u objetivos varios, como mejorar la recaudación tributaria, monitorear la entrega de útiles educativos o reducir la desnutrición crónica (el caso del Plan de Incentivos a la Mejora de la Gestión y Modernización Municipal). En suma, se trata de elegir la zanahoria por sobre el garrote —de acuerdo con una visión bastante jerárquica de los gobiernos locales, como se plantea más adelante— para conseguir que los municipios promuevan los objetivos de política pública estipulados, una estrategia tradicional de la gestión privada.

Esta propuesta de incentivos para la mejora de la gestión local es un punto de consenso entre los hacedores de política y los tecnócratas junior, quienes la consideran una buena iniciativa para estimular soluciones técnicamente eficientes. Una ventaja que se percibe es la gran flexibilidad para incorporar metas, ya que los esquemas de incentivos permiten un amplio rango de objetivos que difícilmente las instancias locales alcanzarían sin el incentivo. Se trata, asimismo, de un remedio genérico que puede aplicarse al funcionario de programas sociales, a las UGEL de las distintas localidades del territorio, a los más de mil gobiernos locales, etc.

Ahora bien, aunque pueden estar de acuerdo con que esta iniciativa es lo más inmediato y puede llevar a resultados en el corto plazo, los jóvenes entrevistados tienen algunos reparos con ella. De manera general, se critica que puede ser eficaz, pero que no constituye una política pública orgánica, en tanto no crea conciencia real sobre la necesidad de implantar estas políticas. De hecho, se señaló el defecto de que medidas que estaban bajo ese régimen hace años aún no podrían sobrevivir sin el incentivo, lo que hace que esta sea una política permanente que solo se cumple para conseguir el rédito presupuestal, y no porque se ha asumido su utilidad. Asimismo, se piensa que esto debería aplicarse a políticas concretas, antes que ser toda una lógica de gestión. Se trata de ajustes que los jóvenes entrevistados plantean para que la política trascienda el mero deseo de conseguir recursos, aunque reconociendo que, en general, este es un buen mecanismo para resolver problemas.

La incorporación de criterios empresariales al sector público, el presupuesto por resultados y los distintos programas de incentivos probablemente no tengan un impacto constante y marcado al considerar las percepciones de la población. Incluso, por las múltiples resignificaciones que se dan en la práctica, pueden caer en un mero discurso formalista y normativo. Sin embargo, pese a que cuando se los aplica no se ajustan plenamente a la forma en que son diseñados, sí resultan relevantes porque, por un lado, marcan la cotidianeidad de los actores estatales, de manera que las políticas públicas se piensan en esos términos y se hacen grandes esfuerzos en horas-hombre por cumplir con todos los requisitos a los que esta lógica obliga, y por otro, influyen en la manera en que los agentes del Estado se relacionan con la población. En su análisis del Sistema Nacional de Focalización de Hogares (SISFOH), García, Puémape y Cerna (en prensa) describen, por ejemplo, cómo los funcionarios encargados de tratar con la población en extrema pobreza parecen más interesados en cumplir con los requerimientos de información estadística que el Midis exige para "hacer legible" a la población, que en captar la realidad que este grupo enfrenta.

Justamente, uno de los sectores donde estos mecanismos se han visto privilegiados es el Midis. Creado recientemente y pensado de raíz con esta lógica "eficientista", este ministerio ha incorporado esos dispositivos como eje para medir los resultados en política social. Si habíamos hablado previamente de personal del MEF que, valiéndose de redes de tecnócratas especializados en gestión pública, migra a otros ministerios, no puede ignorarse los mecanismos de gestión que se trasladan al tema de la inclusión social.

Una primera cuestión es que implica toda una manera de (re)pensar la política social. Siguiendo a Remy (2016), hasta los años ochenta, la pobreza y la desigualdad se veían como problemas estructurales que debían enfrentarse a través de la política económica, esto es, promoviendo sobre todo la industrialización.[86] Sin embargo, la lógica actual se aleja de este paradigma universal para acercarse a la focalización —en el ámbito individual— de aquellos que deben ser merecedores, por carencias concretas, de una ayuda del Estado para cerrar brechas sociales internas. Como señala Alexandra Ames, especialista en políticas sociales, estas ayudas deben ser "[...] específicas para el mundo rural y de la manera más focalizada posible".[87] Fuera de entrar al debate sobre la idoneidad de este enfoque,[88] es claro que tras él subyace el supuesto de que la aplicación de criterios técnicos estandarizados puede determinar cuándo el Estado debe asistir a un ciudadano, que concibe al sujeto como una entidad completamente individual y cerrada, pero, sobre todo, que puede llevar

86. En general, este es el enfoque cepalino de transformación de la estructura productiva para asegurar equidad. Para el Perú, véase Verdera 2007.

87. "Se acabó el recreo", columna de Alexandra Ames, *Poder*, junio de 2016.

88. Para críticas al respecto, véase Filgueira 2016.

a la lógica de que la responsabilidad pública solo es pertinente y bien empleada cuando alcanza de manera eficiente objetivos previamente diseñados y que se pueden perfectamente capturar.

Un riesgo es que, así como la lógica privada implica que cada acción responda a un objetivo "maximizador", la política social deba pensarse unívocamente en términos de costo-beneficio. Si bien no fueron todos los casos, se sentía una fuerte desconfianza entre varios de los tecnócratas junior en los programas sociales, como Juntos. En otros ministerios, se aducía que solo consiguen que el beneficiario "va a seguir queriendo que le regales" o que "las políticas estas de darle plata a la gente que no tiene qué comer" son simplemente parches.[89] En la misma dirección, parece especialmente crítico que la lógica "maximizadora" a rajatabla se haya impuesto en el Midis. Con amplia experiencia en este ministerio, *Rafael* critica las políticas que cataloga de asistencialistas, señalando que

> [...] Puedo entender que es como que la población que el Estado siempre olvida, pero no se preguntan qué es lo que queremos con esa ayuda, con esa asistencia social, o sea no hay una pregunta detrás, es simplemente llegar de repente por pasión, me refiero a un grado de sentimiento de querer cobijar al desprotegido, pero no con una pregunta de por qué tenemos que hacerlo.[90]

Sin embargo, el grueso de entrevistados parece estar de acuerdo con la focalización individual y el tipo de programas en curso, con un presupuesto sujeto a objetivos concretos y parámetros de medición y seguimiento. Si hemos visto posturas encontradas sobre hasta dónde debe llegar la política social, el consenso parece estar en la metodología para optimizar sus resultados. Como dijimos, la

---

89. Entrevista a *Miguel*, funcionario del MEF, Lima, 9 de junio de 2016. Entrevista a *Maruja*, funcionaria de Produce, Lima, 10 de junio de 2016.

90. Entrevista a *Rafael*, funcionario del Midis, Lima, 14 de julio de 2016.

tecnocracia comparte una fe en el método, y es ese el aporte que perciben los que trabajan en el MIDIS. Como señala Carolina Trivelli, la primera ministra de esta cartera, el MIDIS se gesta con la lógica que incluye todos estos dispositivos tecnocráticos:

> El MIDIS cierra el quinquenio dando cuenta de una nueva forma de hacer gestión pública. Todos sus programas operan bajo Presupuesto por Resultados y se gestionan bien. Todos los programas han tenido evaluaciones de procesos que han terminado con certificaciones internacionales ISO [...]. Este caso da cuenta de lo que debería ser el estándar: gasto en función de resultados, medibles y verificables, evaluaciones de lo que se hace, de cómo se hace y de la calidad de lo que se entrega; evaluaciones hechas por terceros para asegurar imparcialidad e instrumentos transparentes para hacer seguimiento de la gestión.[91]

Lejos de ser casualidad, desde su creación, el MIDIS se plantea introducir criterios "modernos" de gestión pública, y se le pide expresamente que todo programa social se inserte en el esquema de presupuesto por resultados. Dado que su creación fue cuestionada desde el principio, se intentó contar con un equipo técnico que le otorgase legitimidad a las políticas sociales del Gobierno, que recibieron pleno respaldo político (Vela et ál. 2014). En un sector donde el clientelismo es un riesgo latente, es claro que se buscó conseguir todas las certificaciones técnicas que evitasen los cuestionamientos a las políticas sociales, sin éxito en la práctica. Por ejemplo, el exministro de economía Luis Miguel Castilla (titular cuando se crea el MIDIS), también exalta que haya mejorado la calidad de la inversión en programas sociales, al punto de obtener reconocimientos internacionales.[92]

---

91. "El nuevo estándar", columna de Carolina Trivelli, *Perú21*, 25 de julio de 2016.

92. Entrevista a Luis Miguel Castilla, *El Comercio*, 8 de enero de 2016.

Este sería un discurso muy presente tanto entre los jóvenes tecnócratas del MIDIS como entre los de otros sectores. Así, al mismo tiempo que *Anthony*, de PRODUCE, plantea que "[...] necesitamos programas sociales, nacionales, instituciones que tengan una óptica de calidad del gasto y que no hagan intervenciones solo por intervenir o por intuición; todo tiene que ser objetivamente planificado, medido y con resultados";[93] Marco, del MIDIS, señala que es sumamente favorable que el ministerio haya hecho los procesos necesarios para obtener los ISO que acreditan la calidad de su gestión.[94] El problema es que tanto para la mayoría de nuestros entrevistados como para la mayoría de economistas vinculados a la política social los debates no giran en torno a cómo debe pensar el país la política social, cuál es la responsabilidad del Estado con los ciudadanos, de qué manera debe relacionarse con la población de menores ingresos o qué alternativas existen a la focalización, sino que toda mejora se concibe en función de cómo afinar los indicadores, la focalización y la eficiencia, en general, en un mismo y estrecho marco de política pública.

A partir de lo anterior, parece claro que el consenso tecnocrático, si bien no necesariamente radica en los postulados de política económica, sí se encuentra en las maneras de pensar la función pública para mejorar su desempeño. Si nos hemos dedicado a refutar la idea de una simple continuidad en las reformas económicas de los últimos 25 años, no podemos ser menos enfáticos en señalar la despolitización como doctrina permanente en este periodo. Por ello, subrayamos el sobreénfasis "eficientista" del aparato público, es decir, la creencia de que deben aplicarse criterios unívocos de medición, seguimiento y evaluación como claves para la gestión estatal, y de que la cuestión pública se reduce a resolver problemas con

93. Entrevista a *Anthony*, funcionario de PRODUCE, Lima, 25 de julio de 2016.

94. Entrevista a *Marco*, funcionario del MIDIS, Lima, 29 de junio de 2016.

métodos racionales-científicos. Como bien demuestran nuestros casos, el cambio de paradigma radica en que toda acción responda a un claro "¿para qué?" en función de la eficiencia, subordinándose a esto las demandas de la población.

La tecnocracia en el espejo

El paradigma que introdujo el MIDIS también nos es útil para analizar la percepción sobre el rol de los expertos en la función pública. Desde su creación, el MIDIS trató de reclutar a jóvenes provenientes de la Academia o de empresas consultoras especializadas en políticas públicas, muchos de ellos economistas con experiencia en acopio y manejo de información cuantitativa, que luego sería la base del uso de criterios técnicos y de la asignación de acuerdo con la evidencia. Por ser este un ministerio que no tenía que lidiar con una burocracia ya existente, que contaba con un nivel salarial competitivo para atraer a jóvenes profesionales especializados y que poseía una dimensión relativamente acotada, el MIDIS pudo operar con un grupo más cohesionado, pequeño y homogéneo, en el que hubo un gran énfasis en el profesionalismo tecnocrático. De hecho, esa fue la base para aplicar estos criterios más modernos, pues no resultaban extraños para quienes laboraban ahí. Es interesante que de nuestros casos de estudio, los tres especialistas jóvenes del MIDIS con experiencia previa en otro ministerio hicieran un claro contraste entre el ministerio donde antes trabajaban y el MIDIS, indicando que en este último se encontraron con gente mucho más preparada, con la que hablaban en términos similares, que eran especialistas en los programas y que sabían de qué manera abordar las políticas.

El caso del MIDIS ilustra la alta valoración que se tiene del perfil tecnocrático en el Estado. Si los mecanismos que promueven la eficiencia son las herramientas clave para modernizar el Estado, los tecnócratas son los protagonistas de este proceso. Se los valora, entonces, porque han tutelado el devenir económico y la modernización del aparato público que se habría experimentado desde las reformas estructurales. Como afirma Augusto Álvarez Rodrich, los tecnócratas han actuado como guardianes de las finanzas y políticas públicas con puntos de acuerdo, más allá de su orientación política.[95] Su aporte, entonces, radica en que tienen muy asumido el chip de razonar siempre en función del seguimiento, la evaluación y la evidencia empírica. De nuevo, esto nos recuerda a lo que ya hemos resaltado sobre lo que contribuye la formación como economistas a la lógica de los problemas de política pública.

En nuestro estudio, salvo tres casos que critican este enfoque esencialmente tecnocrático —por la prioridad que le otorga a la eficiencia—, el resto de nuestros entrevistados opina que es una suerte contar con gente tan preparada con vocación pública. Según ellos, son los tecnócratas quienes trascienden las meras buenas intenciones, pues saben cómo hacer políticas y aportan al aparato público un *know-how* técnico que se puede aplicar eficientemente. Como hemos dicho, su contribución sería la de tener una posición más favorable para alcanzar *la* solución óptima a los problemas concretos que hay que enfrentar, es decir, su dominio de los métodos más refinados de la ciencia económica funcionales a los problemas identificados del país. Un atributo de los tecnócratas considerado muy importante por nuestros entrevistados es que estos especialistas son capaces de asegurar que las políticas cumplan con los estándares de la literatura internacional especializada y empleen los métodos cuantitativos más rigurosos, un bagaje del que disponen por su esmerada formación.

---

95. "El partido tecnócrata peruano", columna de Augusto Álvarez Rodrich, *La República*, 7 de mayo de 2016.

Si Camp (1983) señalaba que los tecnócratas traían los conocimientos del "mundo occidental", aquí se valora que acercan la Academia al aparato público. En realidad, se plantea que esta relación debería ser bastante más cercana, de manera que los investigadores —y sus hallazgos— brinden una perspectiva objetiva y externa a las distintas fases de diseño e implementación de políticas públicas, pero que también se aproveche toda la información que el Estado recoge y construye con los estándares rigurosos de los académicos. Justamente, los tecnócratas son quienes construyen un puente entre ambos mundos. El caso de PRODUCE y el Plan Nacional de Diversificación Productiva nos sirve para explicar esto. *Edson* destaca que para su formulación, el ministro Ghezzi conversó y solicitó asesoría formal e informal de expertos de renombre internacional, como Ricardo Hausmann y algunos del BID, para incorporar los mejores estándares y la mejor consejería técnica de política al Plan.[96] De nuevo, sus redes y las comunidades epistémicas le ayudaron a establecer esos contactos.

Precisamente, un aspecto interesante de los tecnócratas es su acceso a publicaciones y a expertos de multilaterales. Mientras que antes las instituciones financieras internacionales usaban sus fondos como apalancamiento por la urgencia que tenían los países en crisis de obtener financiamiento extranjero (Stallings 1992), la figura hoy se relaciona más con la formación de comunidades epistémicas dedicadas a compartir las mejores recetas de política. El Banco Mundial, por ejemplo, logró influencia en América Latina y el Caribe gracias a vinculaciones entre sus oficiales y tecnócratas locales con un *bakcground* educativo similar, que mantenían relaciones de confianza, hablaban un mismo lenguaje y compartían principios de política económica (Teichman 2004b).

---

96. Entrevista a *Edson*, funcionario de PRODUCE, Lima, 2 de junio de 2016.

En el caso del MEF, es particularmente clara la importancia de seguir los planteamientos o de recibir asesoría técnica especializada de estos organismos —sus funcionarios dicen, hasta con cierto orgullo, que los acusan de ser excesivamente "fondomonetaristas"—, ya que brindan experiencias de otros países y un rigor metodológico que es importante incorporar al diseño de las políticas públicas del país. Es decir, más que por obligación, la certeza de que las investigaciones y asesorías de instituciones financieras internacionales proporcionan lo más avanzado de la Academia les da un plus de credibilidad. Volviendo al caso de *Luis*, "[...] es como si le pidiésemos una consultoría porque tienen el equipo con los conocimientos".[97] En la misma línea, *Celina* explica que "[...] siempre cuidamos de estar alineados con lo que dicen el Fondo [el FMI] y el Banco Mundial, porque son los que siguen la más alta calidad técnica siempre nos piden incorporar sus aportes para que nuestras política cumplan con su rigor".[98] El resto de entrevistados, aunque menos explícitos, mencionan la importancia de revisar lo más avanzado de la literatura y de la experiencia internacional —recurriendo también a diversas instituciones financieras internacionales y a *journals* académicos— para lograr políticas eficientes.

Este acercamiento a la Academia de los tecnócratas se percibe como algo favorable, dado que, supuestamente, ello los llevaría a aplicar criterios técnicos apartados de posiciones políticas. Si la guerra es muy seria para dejársela a los militares, la política es muy importante para dejársela a los políticos. Como nos señala *Roberto*, funcionario del MTC, los tecnócratas "tienen ideologías técnicas, no tienen ideologías políticas",[99] lo que les permite acercarse a solu-

---

97. Entrevista a *Luis*, funcionario del MEF, Lima, 20 de junio de 2016.
98. Entrevista a *Celina*, funcionaria del MEF, Lima, 6 de junio de 2016.
99. Entrevista a *Roberto*, funcionario del MTC, Lima, 2 de julio de 2016.

ciones óptimas. Con ello, hay una clara pretensión de que lo técnico abarque todas las problemáticas del país —en todo el territorio, además— y, como hemos dicho, la certeza de que a partir de una lógica "eficientista" de acción estas puedan resolverse. En varios casos, si bien se reconoce que los tecnócratas pueden tener una posición política, su aporte sería dejar de lado la ideología (que lleva indefectiblemente a sesgos en el desempeño) para aplicar únicamente criterios objetivos que resulten funcionales a las metas de política pública, empleando los mecanismos que hemos señalado para su medición. Mientras solo en dos casos se resaltó explícitamente la importancia de tener una visión política a manera de un proyecto comprehensivo de país (algo que parecería evidentemente necesario para quienes lo dirigen), diez de nuestros entrevistados indicaron que los tecnócratas aportaban el saber distinguir cuál debía ser el objetivo concreto de una política y cuáles eran los métodos más eficientes para alcanzarlo. Serían, en general, tantas las ventajas, que *Julieta* llega a opinar lo siguiente: "Yo creo que [en el Estado] deberíamos ser puros tecnócratas".[100]

En ese sentido, se ve con buenos ojos que este grupo de especialistas tenga un considerable y autónomo margen de acción en los distintos gobiernos —o gestiones, como prefieren decir—. Por una parte, el conocimiento técnico les provee cierto apalancamiento para actuar, ya que les da argumentos irrefutables. Aunque en algunos casos se nota cierta frustración por el hecho de que los políticos retengan el poder de decisión, se reconoce que, en varios aspectos, tener un lenguaje específico, criterios académicos y el *know how* científico proporciona una ventaja a los tecnócratas. Incluso en su nivel junior, Fausta señala que "[...] hay algunos que quieren hacerte sentir que tienen más tiempo en el Estado, pero efectivamente las

100. Entrevista a *Julieta*, funcionaria del Minedu, Lima, 9 de julio de 2016.

secretarias nos cuentan que ahora podemos hacer cosas que antes eran impensables; una tiene que defenderse con su conocimiento y con eso logra hacerse escuchar".[101]

De hecho, a quien se percibe como la contraparte con un poder sumamente fuerte en las políticas, al punto de restringir la acción de los demás sectores, es al MEF. Incluso desde afuera, la abrumadora mayoría de asistentes de investigación encuestados concuerda con el férreo control de ese ministerio. Evidentemente, el manejo presupuestal le brinda al MEF una posición preponderante entre todos los sectores para la asignación del dinero público y la priorización de políticas. Sin embargo, más allá de eso, los entrevistados destacan que también participa en el diseño de las políticas, en tanto cada iniciativa debe ser negociada arduamente con el MEF y debe presentarse en los términos esperados por el sectorista correspondiente para ser aprobada. La percepción general es que ninguna política puede avanzar en el país sin el aval del MEF, de modo que su rol es excesivamente protagónico.

El juicio al respecto, no obstante, es ambivalente. Por un lado, se menciona que puede ser muy restrictivo o que excede sus funciones al inmiscuirse en todos los sectores, buscando tener una voz más autorizada que la del propio ministerio encargado del sector. Por otro, se señala que su labor es complicada, que la ha venido realizando adecuadamente y que, en gran medida, su enorme grado de control se debe a que las instancias descentralizadas que ejecutan el gasto no suelen hacerlo de manera conveniente; por tanto, no se considera negativo que se les exija sustento y distintos requisitos. Por ejemplo, *Piero*, un experto en gestión pública, nos cuenta que su unidad dentro del MINEDU está empezando a recoger experiencias de ejecución presupuestal bajo la modalidad de contratación

101. Entrevista a *Fausta*, funcionaria de PRODUCE, Lima, 1 de junio de 2016.

directa –en las que los gobiernos regionales y locales son quienes se encargan de la obra en cuestión–, para sustentarle al MEF que han sido un completo fracaso y que, en adelante, corte todo financiamiento a cualquier obra relacionada con universidades bajo esta modalidad de ejecución, porque no se las ha supervisado bien.[102] En el propio MEF, por cierto, algunos reconocen que ejercen un control muy fuerte, pero explican que ello se debe a que las contrapartes con las que negocian lo permiten, o hasta les obligan a hacerlo, por las pocas facultades técnicas que poseen. Así, "[...] el MEF no sería restrictivo si el resto de sectores y gobiernos locales hicieran las cosas como es debido".[103]

De lo que hemos recogido, la sensación general de que el MEF ejerce un férreo control en el aparato público dista de ser errónea. De hecho, su influencia no sería tan solo una imposición, sino que también habría un proceso de "isomorfismo institucional". Di Maggio y Powell (1983) señalan que organizaciones en continua interacción experimentan un proceso de homogeneización a partir de fuerzas que empujan a una unidad a parecerse a otras que comparten condicionantes o un mismo campo organizacional. Ello se daría bajo tres formas: (i) coercitiva (presión directa o mandato legal), (ii) mimética (ante la incertidumbre, se imita un modelo organizacional que parece exitoso) y (iii) normativa (legitimación profesional por estatus, prestigio y redes). Dos de ellas ya las hemos señalado, siendo una la del control directo por la asignación de fondos públicos (coercitiva) y la otra la del personal con experiencia en el MEF que va luego expandiéndose a otros sectores (normativa). Junto con ello, habría un proceso de

---

102. Entrevista a *Piero*, experto en gestión pública del MINEDU, Lima, 6 de julio de 2016.

103. Entrevista a *Celina*, funcionaria del MEF, Lima, 6 de junio de 2016.

autorreforzamiento (que responde a la segunda forma de la propuesta anterior), puesto que la primacía de los modos tecnocráticos de manejo público genera también que cada vez más sectores asuman ese modelo para tener éxito en la competencia por recursos públicos. Ante la incertidumbre que acompaña el propio desempeño público, distintas instancias optan por acomodarse a lo que actualmente cuenta con más legitimidad. De este modo, también observamos que el MEF se percibe como un arquetipo de solidez institucional —"[...] es un entorno más institucional, más tecnocrático, más estable, de trabajos más largos"—,[104] el cual podría repetirse en el resto de ministerios para alcanzar mejores resultados. En cierto modo, el MINEDU es un ejemplo de isomorfismo, pues tiene áreas como la Unidad de Presupuesto y Planificación (una suerte de MEF interno), que supervisa constantemente que las políticas del sector cumplan con los criterios técnicos necesarios para obtener los resultados esperados, y brinda un constante apoyo cuantitativo a las unidades que lo requieran.

Otro punto crucial sobre la autonomía tecnocrática es su continuidad a lo largo de los diferentes gobiernos. Ello sería clave para tener políticas de largo plazo, es decir, para que, pese a los frecuentes cambios políticos en puestos de alta dirección, se mantenga una continuidad institucional que permita políticas más orgánicas. Es, por un lado, una cuestión de practicidad, puesto que sería poco razonable que ante cada cambio de gobierno los equipos técnicos en su conjunto sean reemplazados, sector por sector. Así, este es un modo de asegurar que se conserve un grupo que conozca lo que se ha venido haciendo, así como cuáles son los procedimientos que hay que seguir en el aparato estatal. Como dice Álvarez Rodrich en defensa de estos actores, "[...] es evidente que la tecnocracia que

---

104. Entrevista a *José Luis*, funcionario del MINEDU, Lima, 7 de julio de 2016.

conoce con profundidad las distintas áreas del sector público peruano es escasa, y eso explica que esta pase de un gobierno a otro. Es una tecnocracia que ha hecho posible, en los últimos 25 años, que el sector público peruano se desarrolle y mantenga líneas de consistencia elemental".[105] Por otro lado, se trata también de una estrategia para aislar a los técnicos del devenir político característico de las democracias. De nuevo, el MEF fue particularmente enfático en que las reformas debían hacerse partiendo del especialista, del técnico del *back office* que se mantiene en distintos gobiernos, sin importar quién salga elegido.[106] En corto, la continuidad tecnocrática brinda estabilidad ante la amenaza de incertidumbre que representa la voluntad popular.

Por su parte, un mecanismo para apuntalar el modo tecnocrático en el gobierno es construir cuerpos *ad hoc* de especialistas que se encarguen de diseñar y evaluar las políticas públicas. De hecho, a la pregunta *Qué se puede hacer con el Perú* formulada en libro por Ghezzi y Gallardo, la respuesta de los autores es crear "superburocracias técnicas". Se refieren a que

> [...] debe haber un cambio sustancial en la 'función de producción' de dichas políticas, es decir en las burocracias. Como los recursos son escasos, es necesario priorizar. Deben crearse burocracias especializadas con alto contenido económico en las tres áreas donde no existen y donde habría un mayor retorno: educación, pobreza rural y lucha contra actividades delictivas" (Ghezzi y Gallardo 2013: 13).

---

105. "Defensa del tecnócrata", columna de Augusto Álvarez Rodrich, *La República*, 5 de julio de 2016.

106. Una alternativa que se sugirió era que técnicos que sepan cómo hacer las cosas con eficiencia diseñen políticas con candados que marquen la línea que deba seguir su sucesor.

Ya antes hemos señalado algunas falencias de lo que hemos llamado la “panacea tecnocrática neoliberal”,[107] pero quizás sus principales problemas son la creencia de que las islas de eficiencia pueden generalizarse sin problemas en los sectores más involucrados con la población y su visión economicista —y reduccionista— del Estado. Como señala Vergara, se trata de una suerte de “despotismo tecnocrático”.[108]

Sin embargo, es una lógica que ha venido ganando terreno tanto en el discurso como en la práctica. A fines de 2016, por ejemplo, se creó el Consejo Fiscal, un órgano consultivo independiente adscrito al MEF, compuesto por economistas que se especializan en manejo macroeconómico y fiscal. El objetivo era fortalecer la institucionalidad del ministerio y poner al país “[...] al nivel de las mejores prácticas internacionales”.[109] Waldo Mendoza, presidente del Consejo, relata que su primera participación en ese cargo fue en el Marco Macroeconómico Multianual, en torno al cual los técnicos del Consejo interactuaron durante dos semanas con el MEF sobre “cifras, técnicas y procedimientos”.[110] El Consejo Fiscal es una iniciativa sumamente apreciada por los jóvenes tecnócratas del MEF, quienes resaltan los mismos aspectos referentes a contar con una

---

107. Véase: <http://revistaargumentos.iep.org.pe/articulos/entre-la-estabilidad-y-la-intrascendencia-las-politicas-economicas-de-la-primera-mitad-del-gobierno-de-ollanta-humala/>.

108. Véase el artículo de Vergara sobre el libro de Ghezzi y Gallardo (2013): <https://social.lamula.pe/2014/02/11/la-utopia-tecnocratica-elogio-y-critica-de-un-libro-importante/cienciassociales/>.

109. Entrevista a Alonso Segura, *El Comercio*, 1 de enero de 2016. Véase también: <http://www.mef.gob.pe/index.php?option=com_content&view=article&id=4207%3Aconsejo-fiscal-pone-al-peru-a-nivel-de-las-mejores-practicas-internacionales&catid=100%3Anotas-de-prensa-y-comunicados&Itemid=100148&lang=es> (última visita: 10/04/2016).

110. Entrevista a Waldo Mendoza, *El Comercio*, 9 de mayo de 2016.

opinión técnica independiente y a seguir estándares internacionales. Por su lado, destacados economistas, como Elmer Cuba —el "jale" de último minuto del equipo técnico de la candidata Keiko Fujimori—, promueven activamente esta lógica. Según Cuba, debe crearse además una comisión de productividad dirigida por académicos, así como una comisión técnica de reforma laboral que enfrente el problema de la informalidad (animándose incluso a sugerir al director ejecutivo de Grade, Miguel Jaramillo, para liderarla).[111]

Aunque varios de los tecnócratas junior de nuestro estudio consideran que es importante tener una opinión externa y que esto debiera usarse en distintos sectores, la mayoría muestra ciertos reparos en entenderla como la panacea que proponen estos sectores técnicos consolidados. Esta iniciativa tampoco parece ser especialmente apreciada por los asistentes de investigación encuestados. Más que oponerse, la idea es que estas comisiones solo deben tener un rol complementario y no tan "cerrado" como el que plantean Ghezzi y Gallardo (2013). Se opina que no hay que conformarlas exclusivamente con economistas de perfil similar, sino tener en ellas a expertos en gestión pública o a gente de distintas disciplinas, con un *background* y experiencias disímiles. Podría parecer bastante obvio, pero quienes defienden esta clase de propuestas suelen dar ejemplos del mismo tipo de técnicos, sin importar el sector al cual se adscriba.

Si una cuestión es tener consejos consultivos compuestos por expertos de renombre, otra es que, si bien el Gobierno ha logrado tener tecnócratas muy competentes en los ministerios, esto aún no

111. "Las opciones económicas 2016-2021", seminario "Viernes económico" de la PUCP, Lima, 18 de marzo de 2016. Disponible en: <http://departamento.pucp.edu.pe/economia/charlas-y-conferencias/las-opciones-economicas-para-el-2016-2021/> (última visita: 14/04/2016). Entrevista a Elmer Cuba, *El Comercio*, 28 de febrero de 2016.

se observa en los puestos de menor jerarquía, es decir, falta un mayor "chorreo tecnocrático". Hacia ello, existe un notable consenso en la reforma del servicio civil (Servir), y la introducción de la meritocracia en el sector público es vista como una solución potencial. Si hemos hablado antes de una carrera tecnocrática informal, lo que pretende esta propuesta es profesionalizar esta carrera pública, de modo que la lógica tecnocrática pueda extenderse a todas las capas de la gestión pública (en contraposición al modelo de "viejo burócrata" sin criterios de eficiencia). Como dicen varios de los entrevistados, un paso importante sería que cada ministerio tenga un curso previo a partir del cual ingresen a trabajar los más calificados —equivalente al que posee el Banco Central de Reserva o los entes reguladores—. De esta manera, la competencia aseguraría tener un proceso selectivo y contar con un personal que posea un conocimiento previo e interés en el sector (siempre y cuando se perciban salarios acordes a su capacidad, claro está).

Así, para muchos, el objetivo de esta reforma sería reproducir los modelos de gestión de las tradicionales islas de eficiencia en el conjunto del Estado, es decir, reclutar personal de manera selectiva, capacitarlo constantemente y ascenderlo solo en función de sus méritos personales. Por ejemplo, cuando se dictaminó que el Banco Central de Reserva —la isla de eficiencia por excelencia— debía adscribirse al régimen de Servir, economistas destacados salieron a declarar en la prensa, con una suerte de espíritu de cuerpo, que esa medida atentaba contra su autonomía y que era el Banco Central de Reserva el paradigma de gestión que debía repetirse, no al revés. Es interesante que de nuestros entrevistados, todos los que habían seguido el curso de verano del Banco concordaban con la importancia de tener el modelo de esa entidad como arquetipo de gestión pública y con que debía mantenerse su posición totalmente ajena al presupuesto público.

De hecho, uno de los problemas que causa más frustración es el desfase que se observa entre el diseño de las políticas y las capacidades que poseen aquellos que deben aplicarlas en el ámbito local. En general, se tiene una visión bastante pesimista del proceso de descentralización debido a la brecha entre las amplias responsabilidades de las autoridades regionales y locales, y su escaso nivel técnico. De este modo, esas autoridades están muy lejos de cumplir con todo lo que se les pide, o si lo hacen, no parecen tener muy claro por qué ni emplean todos los instrumentos que tienen a mano. De todos los casos, llamó especialmente nuestra atención el de *Giuliano*, del área de descentralización del MEF, quien nos señaló que su trabajo era sumamente "estresante" porque "[...] pese a que se les habla bonito y se les explica de todas las formas para convencerlos, uno ya no sabe cómo hacer para que entiendan que 'oye, amigo, lo que se les pide es porque es lo que más les conviene', no entienden".[112] En general, la participación de la población no parece ser un atributo considerado especialmente valioso para la función pública. De hecho, solo en dos casos se hizo alusión a las demandas y a la participación directa de la población, y en ninguna de las entrevistas se mencionó el presupuesto participativo como una iniciativa que habría que ampliar. Así, hay una escasa percepción de la importancia de la sociedad civil, mientras que, como hemos visto, toda iniciativa relacionada con su manejo técnico es rápidamente exaltada.

Sobre lo anterior, una solución radical, explícita en varios casos, es la que propone retroceder en el proceso de descentralización y volver a reconcentrar funciones en el Gobierno central. De este modo —se opina— sería más sencillo asegurarse que quienes tengan puestos de responsabilidad tengan las competencias debidas. Junto

---

112. Entrevista a *Giuliano*, funcionario del MEF, Lima, 18 de junio de 2016.

con ello, una salida al problema, en la misma línea que el caso de Servir, iría por ser más agresivo en las capacitaciones al personal local, ya que, para mejorar su desempeño, lo que habría que reforzar es su nivel técnico. Se indica que actualmente el personal que implementa políticas dista de ser idóneo; se menciona, por cierto, que el presupuesto disponible no permite contratar a personas más capacitadas. Si bien idealmente el funcionario local debería recoger información de su entorno, conocer y manejar los distintos dispositivos que se han impulsado desde el Gobierno central (como, por ejemplo, el padrón nominal de menores del Midis), implementar las políticas públicas en las localidades y supervisar su cumplimiento, entre otras funciones, sus escasas competencias técnicas (su "capital humano") le impedirían asumir estas responsabilidades de manera adecuada. Con esto, según nuestros entrevistados, se genera una brecha que imposibilita que los objetivos de una determinada política —y los mecanismos "perfectamente" diseñados para ello—, puedan alcanzarse. La barrera sería el propio personal local, un problema que podría disminuir si estos funcionarios tuvieran un perfil tecnocrático.

Con esta sección queda claro el consenso que hay respecto de la importancia de los tecnócratas en las políticas públicas. Como hemos dicho, se considera que son ellos los que tienen ya incorporado el "chip de la eficiencia" —con todo lo que ello implica— y los que tratan de aplicarlo (con éxito en muchos casos) a todo el aparato público. Aunque más cautos respecto de equipos tecnocráticos *ad hoc*, observamos entre nuestros entrevistados un fuerte convencimiento de que se necesita reproducir esta lógica de medición, evidencia y criterios técnicos, a manera de un "chorreo tecnocrático", para que los dispositivos que modernizan al Estado puedan ser aplicados por las autoridades pertinentes, amoldándose ellas exactamente a los procedimientos "de manual" exigidos.

Conclusiones

En este texto, hemos tratado de dar nuevas luces sobre cómo se establece la agenda pública en el país a partir de un estudio en profundidad de la tecnocracia peruana durante el gobierno de Ollanta Humala. Como hemos dicho, ello resulta relevante dada la notable agencia e influencia que pueden alcanzar los tecnócratas. El caso de Piero Ghezzi y José Gallardo mencionado evidencia que, dentro de ciertos márgenes, las propuestas de estos técnicos llevan a colocarlos en puestos en los que se decide la política pública, y sus planteamientos pueden llegar a plasmarse en la realidad. Así, se convierten en agentes importantes en la definición de agendas de política y en la senda general de desarrollo que persigue el país.

Para nuestro análisis, nos hemos remitido a la noción del neoliberalismo como una nueva manera de concebir a la sociedad, el Estado y los espacios que median entre ambos, más que como un decálogo de principios de política económica. Como es fundamental que el aparato público se amolde a la racionalidad economicista y al cálculo de costo-beneficio para comprobar si las políticas que desarrolla son las adecuadas, este es un marco ideal para que la tecnocracia gane terreno en el Estado. El aporte de los tecnócratas sería la administración eficiente sobre la base de esta racionalidad. No resultaría, entonces, tan importante representar a la población, sino resolver problemas concretos identificados con criterios técnicos y emplear ciertos mecanismos para ir solucionándolos, midiendo los resultados y la efectividad de cada política. Como hemos dicho, se trata de una ideología del método antes que de una ortodoxia del contenido.

Para este análisis, nos acercamos al grupo que hemos denominado "tecnócratas junior": economistas menores de 35 años que laboran o han laborado en uno de los cinco ministerios que seleccionamos para el estudio por su corte tecnocrático. Junto con las entrevistas a este grupo, incorporamos también en el análisis a jóvenes asistentes de investigación en economía, revisamos material sobre los ministros de las carteras seleccionadas y asimismo ciertos medios de prensa relevantes. De este modo, dividimos los resultados en cuatro temas: (i) la importancia de las redes y de las trayectorias similares en la carrera tecnocrática, (ii) las posiciones relativamente encontradas sobre la orientación de la política económica y el grado de intervención del Estado, (iii) la convergencia tecnocrática en torno al rol de la eficiencia en el aparato público y la expansión de mecanismos para lograrlo, y (iv) la alta valoración e importancia que se concede al trabajo de los expertos en el aparato estatal. En cada uno de estos temas, priorizamos mostrar la opinión de los propios economistas.

A partir de esto, creemos que el texto expone hallazgos relevantes sobre la definición de políticas públicas en el país. A grandes rasgos, el balance que podemos hacer de los tecnócratas es mixto. Por un lado, se trata de individuos con una alta capacidad técnica, una inmensa carga laboral y, en muchos casos, con una gran vocación de servicio al país. Por ello, no concuerdan con la imagen que a menudo se tiene de ellos de sujetos fríos, sin contacto con la población y apegados en exceso al escritorio, o de agentes de los poderes fácticos. Aunque no fue el caso de todos los entrevistados, muchos de ellos sí pretendían colaborar con el país y mostraban una dedicación marcada.[113] Su énfasis en que las políticas sean más eficientes y respondan a objetivos claros y a criterios de medición es difícilmente cuestionable. Queda claro que una política sujeta a evidencia concreta y que sigue un marco lógico para alcanzar sus metas es preferible al uso político de los recursos públicos. Aun así, quizás nuestro artículo parece por momentos excesivamente crítico, pero es para contrarrestar de alguna manera las alabanzas que reciben todas las políticas de corte tecnocrático. Nuestro objetivo ha sido analizar, precisamente, sus limitaciones o sesgos más comunes.

Más que los dispositivos en sí que emplean los tecnócratas, consideramos que el problema de estos especialistas es que muchas veces pierden de vista la naturaleza de la cuestión pública y se despolitiza excesivamente un proceso que debe apuntar también a recoger la voluntad popular, eje central de toda democracia. En algunos casos, se concibe su cargo en el Estado como una consultoría o una labor propia del sector privado, cuando se debería comprender que un trabajo en el aparato estatal implica desafíos, comportamientos y lógicas diferentes. Nos parece, entonces, que la continua y creciente despolitización en la definición de políticas públicas es un riesgo patente en la política nacional, especialmente en medio de la fuerte crisis actual de casi todas las instancias de representación política. En ese marco, la lejanía entre el Estado y la sociedad o, en todo caso, un acercamiento mediado exclusivamente por un conjunto de instrumentos técnicos no resolverá varios de los problemas críticos

113. En lo personal, casi todos mostraron una inmejorable predisposición a participar en esta investigación, pese a que ello implicaba tener que quedarse en su centro laboral hasta más tarde sin ningún tipo de ganancia por ello.

—muchos de ellos justamente ligados a lo institucional, un aspecto revalorado en la teoría económica— que no se han afrontado en los últimos años. No es casualidad que el auge de los tecnócratas en estos 25 años haya venido emparejado de una ausencia casi total de proyectos cohesionadores en el país. De esta manera, estamos ante un país que avanza casi por *default*.

Al mismo tiempo, este sobreénfasis identificado lleva a que muchos otros temas que debieran ser parte del debate público sean dejados de lado. En realidad, se piensa la mejora social dentro de un margen bastante estrecho de refinar instrumentos técnicos, sin que quepan cuestionamientos o una deliberación pública sobre cuál debe ser la responsabilidad del Estado con la población, cuáles son los problemas estructurales del Perú como proyecto de nación y cómo deben enfrentarse siguiendo una lógica conjunta y de largo plazo. Probablemente, el plan de mediano plazo más explícitamente impulsado por la tecnocracia, como parte del "rumbo al bicentenario", sea la inclusión del Perú a la Organización para la Cooperación y el Desarrollo Económicos (OECD). Una meta que, además, es repetidamente defendida como un modo de asegurar que el Perú se encuentre en el grupo de países que aplican las políticas públicas de mayor calidad en el mundo; es decir, en una suerte de fetichismo, los instrumentos se vuelven el objetivo final del proyecto nacional.

Yendo hacia lo más concreto, nuestra investigación encuentra un patrón de carrera tecnocrática que se ha venido consolidando en los últimos años. Trabajar en la misma universidad donde se ha estudiado, en consultoras o *think tanks* de economía, en el sector privado (banca comercial), en distintas áreas del sector público o en instituciones financieras internacionales parece un modelo de empleo entre los tecnócratas. Esto los consolida como grupo, les permite formar redes y los vincula con agentes fuera del aparato estatal, de manera que se habría gestado una comunidad epistémica de economistas relacionados —aun si no de manera continua— con la función pública. Es, por lo tanto, un grupo que deberá considerarse para analizar cómo se reproducen sentidos comunes tecnocráticos en el Estado en los próximos años, especialmente porque esta formación de economistas tecnócratas parece haberse profesionalizado.

Por otro lado, se ha explicado cómo la defensa de una liberalización a ultranza y de la reducción de los trámites burocráticos como principal y prácticamente única agenda de reforma económica de los tecnócratas tradicionales de los años noventa (un grupo con una importante exposición mediática) no es tan compartida por la tecnocracia más reciente. Contrario al imaginario popular, no parece haber un consenso entre estos actores respecto del grado óptimo de intervención estatal. Más bien, la tecnocracia del gobierno de Humala defendió y emprendió cambios que, aunque moderados, reconocen la importancia del liderazgo estatal. De este modo, la gran mayoría de los economistas jóvenes vinculados a la gestión pública y los tecnócratas del último lustro concuerdan en la necesidad de un mayor espacio para la participación del Estado y en la importancia de trascender agendas simplistas en torno a una "panacea liberalizadora". Se trata de una tendencia que iniciativas como el Plan Nacional de Diversificación Productiva o la reforma educativa han colocado en la escena pública, y que, por cierto, trasciende el Perú.

El grueso de nuestra investigación ha girado en torno a la permanente búsqueda de eficiencia como signo distintivo de consenso tecnocrático en el país. Bajo nuestro enfoque, aunque no hay un acuerdo marcado sobre el rol del Estado en la economía, la convergencia en la tecnocracia se encuentra en su constante tentativa de acomodar la gestión pública a criterios de racionalidad económica. El signo neoliberal distintivo de este grupo sería, entonces, el énfasis en la estadística, la evidencia, el monitoreo y la evaluación como mecanismos óptimos para robustecer al Estado y beneficiar a la población. Justamente, las principales iniciativas de los últimos años han apuntado a incorporar criterios de manejo empresarial en la organización estatal, así como a incluir métricas para supervisar que se cumplan criterios de eficiencia, a emplear evidencia empírica y criterios técnicos en el diseño de políticas y a crear mecanismos de incentivos para que las autoridades se ajusten a los diseños de política elaborados "desde arriba" como eje de modernización estatal. En general, todos estos son aspectos altamente valorados por nuestros entrevistados, quienes consideran que deberían profundizarse, aunque con modificaciones concretas en su implementación.

Al querer expandir esta lógica, la eficiencia como ideal articulador de la función pública se convierte en una meta cuya búsqueda no tiene fin. Siempre es posible hacer más "técnicos" y "rigurosos" los dispositivos estatales o crear mecanismos para optimizar la calidad de los recursos públicos. Paradójicamente, exhibe un carácter anticientífico, en tanto es imposible falsear su propuesta, ya que siempre pueden esgrimirse trabas que evitan que se sea tan eficiente como sería ideal. Es, por lo tanto, un proyecto siempre inconcluso. De este modo, se convierte en una panacea que supuestamente mejora el desempeño del Estado y su relación con la población en todo ámbito a través de cifras y variables. Es decir, se concibe al Estado como una empresa que soluciona eficientemente un conjunto de problemas, basándose en los métodos adecuados, y esto se prioriza por sobre deliberar acerca de los objetivos que como país se deben perseguir. Ello también considera la acción del Estado como la suma de un conjunto de políticas precisas, concretas y acotadas, abandonando proyectos de país más amplios, coherentes y generales. En corto, desde "arriba" se abandona toda idea republicana en pro de la legitimación a través de las cifras.

Finalmente, un aspecto de relativo consenso es que se considera que los tecnócratas son fundamentales en la función pública y que su lógica y aportes deberían trasladarse a cada vez más instancias del aparato público. De esta manera, la mejora del Estado iría hacia un "chorreo tecnocrático" para llevar esta racionalidad a todas las instancias públicas. En tanto se valora esta lógica "eficientista", es claro que estos especialistas son los idóneos para aplicarla, pues ella forma parte del chip que tienen incorporado para el diseño de políticas. Se los considera valiosos, además, porque supuestamente le restan el carácter ideológico a las políticas públicas (como si eso fuese posible), para priorizar lo técnico, y brindan estabilidad y continuidad a esas políticas. Quizás la propuesta más evidente al respecto ha sido la de establecer "superburocracias técnicas", aceptada en general (como lo demuestra la creación del Consejo Fiscal del MEF), aunque se reconoce que hay que evitar los sesgos excesivamente economicistas.

En este texto hemos tratado de acercarnos a la ideología tecnocrática, pero es cierto que no nos hemos detenido con el mismo detalle en su efectividad en la práctica. Sobre esto, habría que decir que la búsqueda de eficiencia ha llevado a fuertes reestructuraciones en los ministerios y a un manejo del gasto público con nuevos procedimientos, pero hacia afuera es mucho menos lo que se ha conseguido. El artículo de Alvaro Gálvez nos sirve para mostrar cómo gobiernos locales que son considerados ejemplares bajo los parámetros de medición del Gobierno central –como el de *Tajopampa*– en realidad adoptan métodos abiertamente irregulares o resignificados para conseguir ese resultado y, con ello, los fondos del Gobierno central. Asimismo, cada elección regional y municipal saca a flote que el intento de más de una década de introducir criterios técnicos y regímenes de incentivos ha hecho poco por separar los móviles políticos del manejo de los fondos públicos. El caso de *Shobash* en el estudio de Alvaro Gálvez también va en esa dirección. De este modo, es claro que existe una fuerte distancia entre los dispositivos tecnocráticos que se diseñan y su aplicación en la realidad, pero que lejos de ser mera retórica, sus procedimientos sí cuentan con una considerable influencia en el funcionamiento mismo del Estado en todo ámbito y en su concepción de la población.

Si bien hay otras tesis que hemos sostenido y que revisten importancia, priorizamos terminar este artículo con una digresión sobre algunas implicancias de lo aquí trabajado en función del presente quinquenio. En primer lugar, desde la izquierda, nuestra propuesta puede parecer moderada —"reaccionaria", en el lenguaje clásico—, en tanto se le da un rol central a la ideología de actores clave como complemento de la influencia de poderes fácticos. No obstante, creemos que reconocer que parte del consenso pasa por el convencimiento de estos actores (con lo que se niega que quien no piense críticamente es un mero títere de intereses económicos) permite establecer una agenda crítica también desde lo ideológico y en contra de las concepciones neoliberales de reestructuración del Estado. Desconocer lo dicho implica restar espacio a la posibilidad de éxito de una oposición bien asentada desde lo ideológico en el énfasis en la eficiencia, en lugar de profundizar sobre la democracia. De hecho, en una entrevista realizada a un miembro del equipo técnico del Frente Amplio en la última campaña, esta persona opinó que el modelo tecnocrático debería aplicarse a más capas del Estado y que si su partido llegase al gobierno, el énfasis en lo técnico tendría que mantenerse. En realidad, nos parece importante que estos sean aspectos que incluyamos también como proyecto de transformación del país y que entendamos que parte de la discusión sobre el neoliberalismo se encuentra fuera de un decálogo económico (que, claramente, también es importante tratar) y dentro de la esfera ideológica.

En segundo lugar, algunas implicancias atañen al gobierno de Pedro Pablo Kuczynski. Como se sabe, la figura del nuevo presidente se relaciona con una tradición tecnocrática, y, de hecho, gran parte de la campaña giró en torno a su capacidad técnica y a su eficiente manejo del aparato público. Fue sorpresivo, por tanto, que en su discurso de toma de mando Kuczynski priorizara una visión y proyecto de país por sobre un listado de obras y cifras deseadas. "País", "Perú" y "todos" fueron sus palabras más empleadas, lo que contrasta con lo que acostumbraba decir en sus mensajes Ollanta Humala, para quien la palabra "millones" era la protagonista.

Sin embargo, una visión radicalmente opuesta de Kuczynski se desprende de su elección del gabinete ministerial y de su defensa cuando este fue cuestionado. Así, Kuczynski planteaba que "[...] estamos volteando la página. Lo que tienen todos [los futuros ministros] son carreras profesionales. Lo que queremos es una política moderna, y eso se basa en gente preparada".[114] Para Fernando Zavala, por su parte, el gabinete nombrado era el mejor, puesto que añadía "una nueva gestión", que era la lógica que se le quería dar al nuevo gobierno. Apenas nombrado el gabinete, el premier Zavala decía con orgullo que "[...] vamos a implementar la unidad de gestión por resultados. Las gestiones deben medirse cada cierto tiempo, y servirá para monitorear los trabajos en los temas más sensibles a los seis, al año, a los dos y a los cinco años".[115]

Como comentaba durante la campaña la politóloga Paula Muñoz, la agrupación "[...] presenta un enfoque predominantemente técnico de las reformas, pues no ve más allá de problemas de eficiencia. Así, corre el riesgo de caer en el miope estilo tecnocrático, soberbio y distante del ciudadano, que ya ha dado muestras de agotamiento en los últimos años".[116] De hecho, las designaciones

---

114. *El Comercio*, 16 de julio de 2016.

115. Entrevista a Fernando Zavala, *Agenda Política* (con Enrique Castillo), 17 de julio de 2016.

116. "Dudas de la tecnocracia, pruebas del pragmatismo", columna de Paula Muñoz, *El Comercio*, 19 de mayo de 2016.

de Bruno Giuffra o de Cayetana Aljovín son una muestra no solo de la profundización de un enfoque economicista en el Gobierno, sino también de un retroceso a la ortodoxia de décadas anteriores. Se trata de una estirpe tecnocrática más ligada al sector empresarial que a la Academia, y que, con su total desconfianza en el rol del Estado, recuerda a la lógica de inicios de los años noventa, la cual, a escala mundial, tiene cada vez menos adherentes, pero en el país se resiste a ser superada. No es de extrañar que, bajo esta lógica, se trate de un Gobierno percibido como distante y al que le es imposible reconocer los límites de su propuesta tecnocrática y despolitizada.

El problema es mucho más grave. El crecimiento por el crecimiento o las políticas de *calidad* "porque sí" no pueden ser los mitos articuladores que guíen la formación nacional. Definitivamente, son elementos fundamentales para reducir la pobreza monetaria o mejorar el acceso a servicios públicos —urgencias ineludibles en el Perú que, por tanto, deben seguir atendiéndose—, pero gran parte de las fracturas y problemas del país no son una cuestión de cifras. El Perú, desde su fundación, ha sido una entidad "imaginada" primordialmente por un grupo reducido, y son estas las imágenes que mantienen vigencia. Esta es una cuestión endémica de raíces más profundas, de "solución" más compleja y de urgencia igual de grande.

La discriminación y segregación como deporte nacional, la casi total falta de referentes aglutinadores que abarquen distintos grupos sociales o los cada vez menos numerosos intentos de construir un imaginario incluyente y cohesionador en el ámbito nacional (de lo que la informalidad es un síntoma antes que una causa) son señales de problemas profundos e igualmente apremiantes que el sobreénfasis tecnocrático no solo no ayuda a solucionar, sino que muchas veces agudiza. Como decía Flores Galindo, en una frase tan corta como poderosa, *este es un país antiguo*, y es importante recuperar esta dimensión en la construcción de la nación. Continuar con la quimera de un Estado pensado en función de variables diseñadas por una élite "científica", donde la sociedad y sus demandas tienen cada vez menos que decir, no hace más que profundizar el carácter subordinado y esquivo de los (aún tan) necesarios proyectos cohesionadores, ahora que estamos en medio de los doscientos años de tentativa republicana.

Bibliografía general

Abbott, Andrew

1988 *The System of Professions: An Essay on the Division of Labor.* Chicago: University of Chicago Press.

Abrams, P.

2006 "Notes on the Difficulty of Studying the State". En A. Sharma, y A. Gupta, eds., *The Anthropology of the State: A Reader.* Oxford: Blackwell Publishing.

Abusada, Roberto et ál.

2000 *La reforma incompleta.* Lima: Instituto Peruano de Economía.

Acemoglu, Daron y James Robinson

2012 *Why Nations Fail? The Origins of Power, Prosperity, and Poverty.* Nueva York: Crown Publishers.

Acuña, Rodolfo, Franklin Huaita y Jorge Mesinas

2012 "En camino de un presupuesto por resultados (PpR): una nota sobre los avances recientes en la programación presupuestaria". Documento de Gestión Presupuestaria. Lima: Ministerio de Economía y Finanzas.

Anderson, Perry

2005 *Spectrum: de la derecha a la izquierda en el mundo de las ideas.* Madrid: Akal.

ARCE, Moisés
2003 "The Sustainability of Market Reform in Most Likely Case: Peru". En *Comparative Politics*, vol. 35, n.° 3: 335-354.

ATKINSON, Paul
1983 "The Reproduction of the Professional Community". En Dingwall, Robert y Philip Lewis, eds., *The Sociology of the Professions: Lawyers, Doctors and Others*. Nueva York: St. Martin Press.

BABB, Sarah
1998 "Los profesionistas en el gobierno y el problema de la tecnocracia: el caso de los economistas de México". En *Estudios Sociológicos*, vol. 16, n.° 48: 661-688.

BALASSA, Bela, Gerardo BUENO y Pedro Pablo KUCZYNSKI
1986 *Toward Renewed Economic Growth in Latin America*. Washington, D. C.: Institute for International Economics.

BANCO MUNDIAL
2011 *Perú: en el umbral de una nueva era*. Cuatro volúmenes. Lima: Banco Mundial.

BARBER, William
1996 "Reconfigurations in American Academic Economics: A General Practitioner Perspective". En *Daedalus*, vol. 126, n.° 1: 87-103.

BARRO, Robert
2002 *Nothing is Sacred: Economic Ideas for the New Millennium*. Cambridge: MIT University Press.

BOLOÑA, Carlos
1993 *Cambio de rumbo: el programa económico para los noventa*. Lima: Instituto de Economía de Libre Mercado.

BRINT, Steven
1990 "Rethinking the Political Influence of Experts". En *Sociological Forum*, vol. 5, n.° 3: 361-385.

1992 "Profesiones y mercado". En *Revista Española de Investigaciones Sociológicas*, vol. 59: 161-204.

Brown, Wendy
2003 "Neoliberalism and the End of Liberal Democracy". En *Theory & Event*, vol. 7, n.° 1.

Burchell, Graham
1991 "Peculiar Interests: Civil Society and Governing 'The System of Natural Liberty'". En Graham Burchell, Colin Gordon y Peter Miller, eds., *The Foucault Effect: Studies in Governmentality*. Chicago: University of Chicago Press.

Camou, Antonio
1997 "Los consejeros del príncipe: saber técnico y política en los procesos de reforma económica en América Latina". En *Nueva Sociedad*, vol. 152: 54-67.

Camp, Roderic Ai
1983 "El tecnócrata en México". En *Revista Mexicana de Sociología*, vol. 45, n.° 2: 579-599.

Centeno, Miguel Ángel
1998 "The Politic of Knowledge: Hayek and Democracy". En Miguel Angel Centeno y Patricio Silva, *The Politics of Expertise in Latin America*. Nueva York: Palgrave Macmillan.

Centeno, Miguel Ángel y Leandro Wolfson
1997 "Redefiniendo la tecnocracia". En *Desarrollo Económico*, vol. 37, n.° 146: 215-240.

Centeno, Miguel Ángel y Patricio Silva
1998 *The Politics of Expertise in Latin America*. Nueva York: Palgrave Macmillan.

Cerna, Diego
2016 "Representación de la gestión municipal y los funcionarios públicos municipales de provincias en la prensa peruana". Tesis de licenciatura en Comunicación, Universidad de Lima.

CHATTERJEE, Partha
2003 *La nación en tiempo heterogéneo y otros estudios subalternos*. Lima: Instituto de Estudios Peruanos, CLACSO, SEPHIS.

CLARKE, Simon
2005 "The Neoliberal Theory of Society". En Saad Filho, Alfredo y Deborah Johnston, eds., *Neoliberalism: A Critical Reader*. Londres y Ann Arbor, Mi: Pluto Press.

CLEAVES, Peter
1987 *Professions and the State: The Mexican Case*. Arizona: University of Arizona Press.

COLANDER, David
1991 "A Consideration of Economic Major in the American Higher Education". En *The Journal of Economic Education*, vol. 22, n.° 3, Special Issue of Undergraduate Economic Education, pp. 227-234.

2005 "What Economists Teach and What Economists Do". En *The Journal of Economic Education*, vol. 36, n.° 3, pp. 249-260.

2008 *The Making of an Economist: Redux*. Princeton, NJ: Princeton University Press.

COLANDER, David y Arjo KLAMER
1987 "The Making of an Economist". En *The Journal of Economic Perspectives*, vol. 1, n.° 2, pp. 95-111.

COLLIER, David
1979 *The New Authoritarianism in Latin America*. Princeton, NJ: Princeton University Press.

CONAGHAN, Catherine
1998 "Stars of the Crisis: The Ascent of Economists in Peruvian Public Life". En Centeno, Miguel Ángel y Patricio Silva, *The Politics of Expertise in Latin America*. Nueva York: Palgrave Macmillan.

CONAGHAN, Catherine, James MALLOY y Luis ABUGATTAS
1990 "Business and the Boys: The Politics of Neoliberalism in Central Andes". En *Latin American Research Review*, vol. 25, n.° 2: 3-30.

CRABTREE, John
2005 *Alan García en el poder. Perú 1985-1990*. Lima: Peisa.

CROUCH, Colin
1994 *Posdemocracia*. Bogotá: Santillana.

DARGENT, Eduardo
2015 *Technocracy and Democracy in Latin America: The Experts Running Government*. Nueva York: Cambridge University Press.

DAVIES, Celia
1983 "Professionals in Bureaucracies: the Conflict Thesis Revisited". En Robert Dingwall y Philip Lewis, eds., *The Sociology of the Professions: Lawyers, Doctors and Others*. Nueva York: St. Martin Press.

DAVIES, William
2014 "A Bibliographic Review of Neoliberalism". En *Theory, Culture and Society*. Disponible en: <http://www.theoryculturesociety.org/william-davies-a-bibliographic-review-of-neoliberalism/>.

DI MAGGIO, Paul y Walter POWELL
1983 "The Iron Cage Revisited: Institutional Isomorphism and Collective Rationality in Organizational Fields". En *American Sociological Review*, vol. 48, n.° 2: 147-160.

DINGWALL, Robert
1983 "Introduction". En Robert Dingwall y Philip Lewis, eds., *The Sociology of the Professions: Lawyers, Doctors and Others*. Nueva York: St. Martin Press.

DOMÍNGUEZ, Jorge
1990 *Technopols: Freeing Politics and Markets in Latina America in the 1990s*. Pensilvania: Penn State University Press.

DRINOT, Paulo
2010 "Foucault in the Land of the Incas: Sovereignty and Governmentality in Neoliberal Peru". En Paulo Drinot ed., *Peru in Theory*. Nueva York: Palgrave Macmillan.

DUMÉNIL, Gerard y Dominique LÉVY
2005 "The Neoliberal (Counter-) Revolution". En Alfredo Saad Filho y Deborah Johnston, eds., *Neoliberalism: A Critical Reader*. Londres, Ann Arbor: Pluto Press.

DURAND, Francisco
2010 *La mano invisible en el Estado: crítica a los neoliberales criollos*. Lima: Fondo Editorial del Pedagógico de San Marcos.

2011 "Las nuevas élites del poder: sueños económicos y pesadillas políticas". En Luis Pásara ed., *Perú en el siglo XXI*. Lima: Fondo Editorial de la Pontificia Universidad Católica del Perú.

2016 *Cuando el poder extractivo captura al Estado: lobbies, puertas giratorias y paquetazo ambiental en Perú*. Lima: Oxfam.

EGGEN, Oyvind
2012 "Performing Good Governance: The Aesthetics of Bureaucratic Practice in Malawi". En *Ethnos: Journal of Anthropology*, n.° 77.

FERGUSON, James y Akhil GUPTA
2002 "Spatializing States: Toward an Ethnography of Neoliberal Governmentality". En *American Anthropologist*, vol. 21, n.° 4.

FILGUEIRA, Fernando
2016 "Los regímenes de bienestar en el ocaso de la modernización conservadora: posibilidades y límites de la ciudadanía social en América Latina". En Romeo Grompone ed., *Incertidumbres y distancias: el controvertido protagonismo del Estado en el Perú*. Lima: Instituto de Estudios Peruanos.

FINE, Ben y Ourania DIMAKOU
2016 *Macroeconomics: A Critical Companion*. Londres: Pluto Press.

FISHER, Frank
1990 *Technocracy and the Politics of Expertise*. Newbury Park: Sage.

FOUCAULT, Michel
1991a "Governmentality". En G. Burchell, C. Gordon y P. Miller, *The Foucault Effect: Studies in Governmentality*. Chicago: The University of Chicago Press.

1991b *Las redes del poder*. Buenos Aires: Almagesto.

2006 *Seguridad, territorio y población*. México D. F.: Fondo de Cultura Económica.

2007 *El nacimiento de la biopolítica*. México D. F.: Fondo de Cultura Económica.

FOURCADE, Marion
2006 "The Construction of a Global Profession: The Transnationalization of Economics". En *American Journal of Sociology*, vol. 11, n.° 1: pp. 145-194.

FOXLEY, Alejandro
2012 *La trampa del ingreso medio. El desafío de esta década para América Latina*. Santiago de Chile: CIEPLAN.

FREIDSON, Eliot
1970 *Profession of Medicine: A Study of the Sociology of Applied Knowledge*. Chicago: University of Chicago Press.

1983 "The Theory of Professions: State of the Art". En Robert Dingwall y Philip Lewis, eds., *The Sociology of the Professions: Lawyers, Doctors and Others*. Nueva York: St. Martin Press.

FREY, Bruno et ál.
1974 "Consensus and Dissension among Economists: An Empirical Inquiry". En *The American Economic Review*, vol. 74, n.° 5: 986-994.

García, Luis, Félix Puémape y Diego Cerna
(en prensa) "Burócratas en acción: el sistema de focalización de hogares (Sisfoh)". En Diego Cerna et ál., *Acá no hay ventanillas: la burocracia de la calle en los programas sociales*. Lima: Instituto de Estudios Peruanos.

Ghezzi, Piero y José Gallardo
2013 *Qué se puede hacer con el Perú. Ideas para sostener el crecimiento económico en el largo plazo*. Lima: Fondo Editorial de la Pontificia Universidad Católica del Perú y Fondo Editorial de la Universidad del Pacífico.

Gonzales de Olarte, Efraín
1998 *El neoliberalismo a la peruana: economía política del ajuste estructural, 1990-1997*. Lima: IEP.

Gonzales de Olarte, Efraín y Lilian Samamé
1991 *El péndulo peruano: políticas económicas, gobernabilidad y subdesarrollo*. Lima: IEP.

Grindle, Merilee
1977 "Power, Expertise and the 'Tecnico': Suggestions from a Mexican Case Study". En *The Journal of Politics*, vol. 39, n.° 2: 399-426.

Grompone, Álvaro
2013 "Entre la estabilidad y la intrascendencia: las políticas económicas de la primera mitad del gobierno de Ollanta Humala". En *Revista Argumentos*, n.° 5, año 7, noviembre. Disponible en: <http://revistaargumentos.iep.org.pe/articulos/entre-la-estabilidad-y-la-intrascendencia-las-politicas-economicas-de-la-primera-mitad-del-gobierno-de-ollanta-humala/>.

Grompone, Romeo (ed.)
2016 *Incertidumbres y distancias: el controvertido protagonismo del Estado en el Perú*. Lima: Instituto de Estudios Peruanos.

Guber, Rosana
2001 *La etnografía: método, campo y reflexividad*. Bogotá: Norma.

HAAS, Peter

1992 "Introduction: Epistemic Communities and International Policy Coordination". En *International Organization*, vol. 46, n.° 1: 1-35.

HAGGARD, Stephan y Robert KAUFMAN

1992 "Introduction". En Stephan Haggard y Robert Kaufman, eds., *The Politics of Economic Adjustment: International Constraints, Distributive Conflicts, and the State*. Princeton: Princeton University Press.

HALL, Peter

1987 "Introduction". En Peter Hall ed., *The Political Power of Economic Ideas: Keynesianism across Nations*. Princeton: Princeton University Press.

HARCOURT, Bernard

2011 *The Illusion of Free Markets: Punishment and the Myth of Natural Order*. Cambridge: Harvard University Press.

HARVEY, David

2005 *Breve historia del neoliberalismo*. Madrid: Akal.

HAUSMANN, Ricardo y Dani RODRIK

2003 "Economic Development as Self-Discovery". En *Journal of Development Economics*, vol. 72, n.° 2: 603-633.

HESSELROTH, Alba

2006 "Ideas and Economic Policy Change: The Influence of Policy Ideas and Non-State Actors in the Peruvian Case of Market Oriented Reforms". Tesis doctoral, Universidad del Sur de California.

HOOD, Christopher

1991 "A Public Management for All Seasons?". En *Public Administration*, vol. 69, n.° 1: 3-19.

HUGHES, Everett

1994 *On Work, Race and the Sociological Imagination*. Chicago: University of Chicago Press.

HULL, Matthew
2012 *Government of Paper: The Materiality of Bureaucracy in Urban Pakistan*. Berkeley: University of California Press.

JOHNSON, Terrence James
1972 *Professions and Power*. Londres: Macmillan.

JUDT, Tony
2011 *Postguerra: una historia de Europa desde 1945*. Madrid: Taurus.

KAHLER, Miles
1992 "External Influence, Conditionality and the Politics of Adjustment". En Stephan Haggard y Robert Kaufman, eds., *The Politics of Economic Adjustment: International Constraints, Distributive Conflicts, and the State*. Princeton: Princeton University Press.

KLEIN, Naomi
2005 *La doctrina del shock: el auge del capitalismo del desastre*. Buenos Aires: Paidós.

KUCZYNSKI, Pedro Pablo
1990 "Peru". En John Williamson, *Latin American Adjustment: How Much Has Happened*. Washington, D. C.: Institute for International Economics.

LAPAVITSAS, Costas
2005 "Mainstream Economics in the Neoliberal Era". En Alfredo Saad Filho, y Deborah Johnston, eds., *Neoliberalism: A Critical Reader*. Londres, Ann Arbor: Pluto Press.

LAZEAR, Edward
2000 "Economic Imperialism". En *The Quaterly Journal of Economics*, vol. 115, n.° 1: 99-146.

LECHNER, Norbert
1985 "Problemas de la democracia y la política democrática en América Latina". En Fernando Cépeda ed., *Democracia y desarrollo en América Latina*. Buenos Aires: Grupo Editor Latinoamericano.

LEE, Bradford
1987 "The Miscarriage of Necessity and Invention: proto-Keynesianism and Democratic Stated in the 1930s". En Peter Hall, *The Political Power of Economic Ideas: Keynesianism across Nations*. Princeton: Princeton University Press.

LEMKE, Thomas
2001 "'The Birth of Bio-politics': Michel Foucault's Lecture at the College de France on Neo-liberal Governmentality". En *Economy and Society*, vol. 30, n.° 2: 190-207.

LERNER, Bertha
1985 "La tecnocracia en México: ni embrión ni garantía de profesionalismo (una crítica a Roderic Ai Camp)". En *Revista Mexicana de Sociología*, vol. 45, n.° 3: 1051-1067.

LEVITT, Steven y Stephen DUBNER
2005 *Freakonomics: A Rogue Economist Explores the Hidden Side of Everything*. Nueva York: Harper Collins.

MARKOFF, John y Veránica MONTECINOS
1993 "The Ubiquitous Rise of Economists". En *Journal of Public Policy*, vol. 13, n.° 1: 37-68.

MAUCERI, Philip
1997 "The Return of the Caudillo: Autocratic Democracy in Peru". En *Third World Quarterly*, vol. 18, n.° 5: 899-912.

MERTON, Robert
1945 "The Role of the Intellectual in Public Bureaucracy". En *Social Forces*, vol. 23, n.° 4: 405-415.

MIROWSKI, Philip
2013 *Never Let a Serious Crisis Go to Waste: How Neoliberalism Survived the Financial Meltdown*. Londres, Nueva York: Verso.

MITCHELL, Timothy
2005 "The Work of Economics: How a Discipline Makes its World". En *European Journal of Sociology*, vol. 46, n.° 2: 297-320.

2006 "Society, Economy and the State Effect". En A. Sharma y A. Gupta, eds., *The Anthropology of the State: A Reader*. Oxford: Blackwell Publishing.

MONTECINOS, Verónica
1997 "El valor simbólico de los economistas en la democratización de la política chilena". En *Nueva Sociedad*, n.° 152: 108-126.

1998 *Economist, Politics and the State: Chile 1958-1994*. Ámsterdam: CEDLA.

MONTECINOS, Verónica y John MARKOFF
2009 *Economists in the Americas*. Cheltenham, Northampton: Edward Elgar.

MUNCK, Robert
2005 "Neoliberalism and Politics, and the Politics of Neoliberalism". En Alfredo Saad Filho y Deborah Johnston, eds., *Neoliberalism: A Critical Reader*. Londres, Ann Arbor: Pluto Press.

MURRAY, Topsy, Robert DINGWALL y John EEKELAAR
1983 "Professionals in Bureaucracies: Solicitors in Private Practice and Local Government". En Robert Dingwall y Philip Lewis, eds., *The Sociology of the Professions: Lawyers, Doctors and Others*. Nueva York: St. Martin Press.

NELKIN, Dorothy
1975 "The Political Impact of Technical Expertise". En *Social Studies of Science*, vol. 5, n.° 1: 35-54.

OECD (ORGANIZACIÓN PARA LA COOPERACIÓN Y EL DESARROLLO ECONÓMICOS)
1995 *Governance in Transition: Public Management Reforms in OECD Countries*. París: PUMA, OECD.

ORIHUELA, José Carlos
2012 "How Do Mineral States Learn? Path-Dependence, Networks and Policy Change in the Development of Economic Institutions". En *World Development*, vol. 43: 138-148.

OSTRY, Jonatha, Prakash LAUNGANI y Davide FURCERI
2016 "Neoliberalism: Oversold?". En *Finance & Development (IMF)*, junio.

PARSONS, Talcott
1939 "The Professions and Social Structure". En *Social Forces*, vol. 17, n.° 4: 457-467.

PASQUINO, Pasquale
1991 "Theatrum Politicum: the Genealogy of Capital – Police and the State of Prosperity". En Graham Burchell, Colin Gordon y Peter Miller, eds., *The Foucault Effect: Studies in Governmentality*. Chicago: University of Chicago Press.

PASTOR, Manuel y Carol WIESE
1991 *Peruvian Economic Policy in the 1980s: From Orthodoxy to Heterodoxy And Back*. The Hellen Kellog Institute for International Studies. Documento de Trabajo n.° 161.

PECK, Jamie y Adam TICKELL
2002 "Neoliberalizing Space". En *Antipode*, vol. 34, n.° 3: 380-404.

PETERS, R.
2011 "Development Effects: Cosmopolitanism, Governmentality and Angolan Engagements in the World". Tesis doctoral, Departmento de Antropología de la Universidad de Brown. Providence, Rhode Island.

PINTO, Aníbal y Oswaldo SUNKEL
1966 "Latin American Economists in the United States". En *Economic Development and Cultural Change*, vol. 15, n.° 1: 79-86.

PLEWHE, Dieter
2009 "Introduction". En Dieter Plewhe y Philip Mirowski, eds., *The Road from Mont Pelerin: The Making of the Neoliberal thought Collective*. Cambridge: Harvard University Press.

PLEWHE, Dieter y Philip MIROWSKI (eds.)
2009 *The Road from Mont Pelerin: The Making of the Neoliberal thought Collective*. Cambridge: Harvard University Press.

POLANYI, Karl
1992 *La gran transformación: los orígenes políticos y económicos de nuestro tiempo*. México D. F.: Fondo de Cultura Económica.

POLLIT, Christopher
2007 "The New Public Management: An Overview of its Current Status". En *Administrative Management Public*, vol. 8: 110-115.

POLLIT, Christopher y Sorin DAN
2011 "The Impact of New Public Managemente in Europe: A Meta-Analysis". Documento de Trabajo COCOPS.

POULANTZAS, Nicos
1969 *Hegemonía y dominación en el Estado moderno*. Córdoba: Ediciones Pasado y Presente.

POWER, Michael
1997 *The Audit Society-Rituals of Verification*. Nueva York: Oxford University Press Inc.

2000 "The Audit Society - Second Thoughts". En *International Journal of Auditing*, vol. 4: 111-119.

PRITCHET, L., M. WOOLCOCK y M. ANDREWS
2010 *Capability Traps? The Mechanisms of Persistent Implementation Failure*. Washington, D. C.: Center for Global Development.

REMMER, Karen
1998 "The Politics of Neoliberal Reform in South America, 1980-1994". En *Studies in Comparative International Development*, vol. 33, n.° 2: 3-29.

REMY, Marisa
2016 "La política social en el Perú: entre la focalización y los servicios universales". En Romeo Grompone, ed., *Incertidumbres y distancias: el controvertido protagonismo del Estado en el Perú*. Lima: Instituto de Estudios Peruanos.

ROSE, Nikolas
1996 "Governing "Advanced" Liberal Democracies". En Andrew Barry, Thomas Osborne y Nikolas Rose, eds., *Foucault and Political Reason*. Chicago: University of Chicago Press.

ROSE, Nikolas y Peter MILLER
1992 "Political Power beyond the State: Problematics of Government". En *British Journal of Sociology*, vol. 43, n.° 3: 3-27.

RUESCHEMEYER, Dietrich
1983 "Professional Autonomy and the Social Control of Expertise". En Robert Dingwall y Philip Lewis, eds., *The Sociology of the Professions: Lawyers, Doctors and Others*. Nueva York: St. Martin Press.

SAAD FILHO, Alfredo y Deborah JOHNSTON
2005 "Introduction". En Alfredo Saad Filho y Deborah Johnston, eds., *Neoliberalism: A Critical Reader*. Londres, Ann Arbor: Pluto Press.

SAAVEDRA, Jaime y Alberto PASCO-FONT
2001 *Reformas estructurales y bienestar: una mirada al Perú de los noventa*. Lima: Grade.

SABATIER, Paul
1986 "Top-down and Bottom-up Approaches to Implementation Research: A Critical Analysis and Suggested Synthesis". En *Journal of Public Policy*, vol. 6, n.° 1: 21-48.

1988 "An Advocacy Coalition Framework of Policy Change and the Role of Policy-Oriented Learning Therein". En *Policy Sciences*, vol. 21, n.° 2: 129-168.

SARFATTI LARSON, Magali
1977 *The Rise of Professionalism: A Sociological Analysis*. California: University of California Press.

SCHICK, A.
1998 "Why Most Developing Countries Should Not Try New Zealand Reforms". En *The World Bank Research Observer*, vol. 13, n.° 1: 123-131.

SCOTT, J.
1998 *Seeing Like a State: How Certain Schemes to Improve the Human Condition have Failed*. New Haven: Yale University Press.

SILVA, Patricio
1996 "Studying Technocracy in Chile: What Can Be Learnt From the Mexican Case". En *European Review of Latin American and Caribbean Studies*, n.° 61: 39-64.

SMITH, James
1994 *Intermediarios de ideas: los "grupos de expertos" (Think Tanks) y el surgimiento de la nueva élite política*. Buenos Aires: Grupo Editor Latinoamericano.

SPRADLEY, James
1979 *The Ethnographic Interview*. Nueva York: Holt, Rinehart and Winston.

STALLINGS, Barbara
1992 "International Influence on Economic Policy, Debt Stabilization and Economic Reform". En *The Politics of Economic Adjustment: International Constraints, Distributive Conflicts, and the State*. Princeton: Princeton University Press.

STEGER, Manfred y Ravi ROY
2011 *Neoliberalismo: una breve introducción*. Madrid: Alianza Editorial.

TAMTIK, Merli y Creso SÁ

2012 "The Role of Experts in the European Union's Research Policy". En *Review of Policy Research*, vol. 29, n.° 4:449-466.

TANAKA, Martín

1999 "La economía política del ajuste y la reforma estructural en el Perú: el estado de la cuestión y la agenda pendiente". En Elsa Bardález, Martín Tanaka y Antonio Zapata, eds., *Repensando la política en el Perú*. Lima: Red para el Desarrollo de las Ciencias Sociales en el Perú.

(en prensa) "El Perú y la caverna platónica. ¿Cómo funciona la política en el Perú de hoy? Un enfoque realista". Lima.

TEICHMAN, Judith

2004a "Merging the Modern and the Traditional: Market Reform in Chile and Argentina". En *Comparative Politics*, vol. 37, n.° 1: 23-40.

2004b "The World Bank and Policy Reform in Mexico and Argentina". En *Latin American Politics and Society*, vol. 46, n.° 1: 39-74.

TILLY, Charles

2007 *Democracy*. Cambridge: Cambridge University Press.

TROUILLOT, Michel

2001 "The Anthropology of the State in the Age of Globalization: Close Encounters of the Deceptive Kind". En *Current Anthropology*, vol. 42, n.° 1: 125-138.

VASILACHIS DE GIALDINO, Irene

1992 *Métodos cualitativos I. Los problemas teórico-epistemológicos*. Buenos Aires: Centro Editor de América Latina.

2006 *Estrategias de la investigación cualitativa*. Barcelona: Gedisa.

Vela, Estelí et ál.
2014 "Tecnocracias sociales: el surgimiento del Ministerio de Desarrollo e Inclusión Social". En *Politai*, vol. 5, n.° 9: 85-106.

Verdera, Francisco
2007 *La pobreza en el Perú: un análisis de sus causas y de las políticas para enfrentarla*. Lima: Fondo Editorial de la Pontificia Universidad Católica del Perú, Clacso, Instituto de Estudios Peruanos.

Vergara, Alberto y Daniel Encinas
2016 "Continuity by Surprise: Explaining Institutional Stability in Contemporary Peru". En *Latin American Research Review*, vol. 51, n.° 1: 159-180.

Walzer, Michael
2010 "El liberalismo y el arte de la separación". En Michael Walzer, *Pensar políticamente*. Barcelona: Paidós.

Waterbury, John
1992 "The Heart of the Matter? Public Enterprise and the Adjustment Proccess". En Stephan Haggard y Robert Kaufman, eds., *The Politics of Economic Adjustment: International Constraints, Distributive Conflicts, and the State*. Princeton: Princeton University Press.

Webb, Richard
1994 "Peru". En Williamson, John, *The Political Economy of Policy Reform*. Washington, D. C.: Institute for International Economics.

Weible, Chistopher
2008 "Expert-Based Information and the Political Subsystems: A Review and Synthesis". En *The Policiy Studies Journal*, vol. 38, n.° 4: 615-635.

Williams, Mark Eric
2006 "Escaping the Zero-Sum Scenario: Democracy versus Technocracy in Latin America". En *Political Science Quarterly*, vol. 121, n.° 1: 119-139.

WILLIAMSON, John

1990 *Latin American Adjustment: How Much Has Happened.* Washington, D. C.: Institute for International Economics.

1994 "In Search of a Manual for Technopols". En John Williamson, *The Political Economy of Policy Reform.* Washington, D. C.: Institute for International Economics.

WYLDE, Chris

2012 *Latin America after Neoliberalism: Developmental Regimens in Post-crisis States.* Nueva York: Palgrave Macmillan.

ZAVALETA, Mauricio

2014 *Coaliciones de independientes. Las reglas no escritas de la política electoral.* Lima: Instituto de Estudios Peruanos.